尊経閣善本影印集成 25－1

温故知新書

発行 平成十二年七月三十一日
定価 二冊組 本体二八、〇〇〇円
※消費税を別途お預かりいたします。
編集 財団法人 前田育徳会尊経閣文庫
東京都目黒区駒場四－三－五五
発行所 株式会社 八木書店
代表 八木壮一
東京都千代田区神田小川町三－八
電話〇三－三二九一－二九六一(営業)・二九六九(編集)
FAX〇三－三二九一－二九六二
製版・印刷 天理時報社
用紙(特漉中性紙) 三菱製紙中川工場
製本 博勝堂

ISBN4-8406-2325-2(二冊組) 第三輯 第5回配本

旧題簽の一部かと思われる紙片六枚

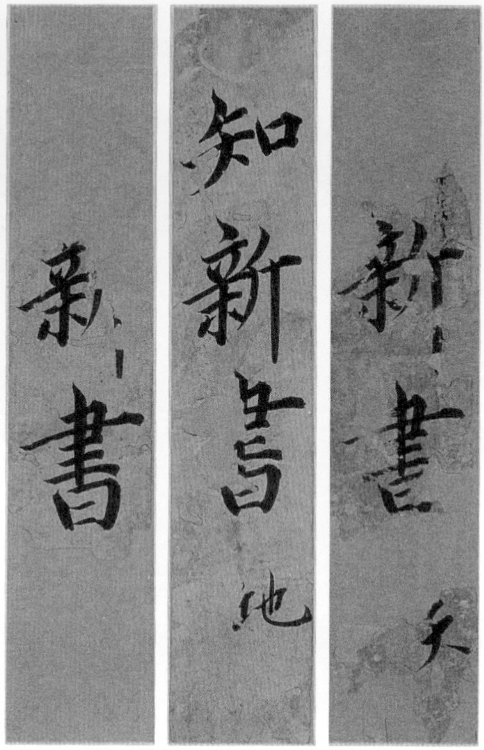

（右三枚　縦13.9糎、横2.9糎）

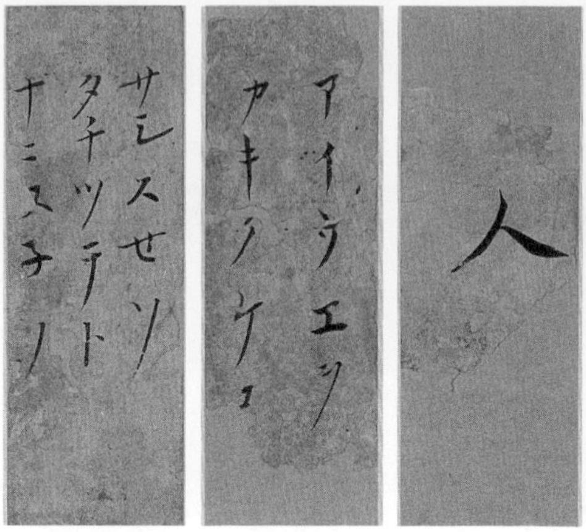

（上三枚　縦8.0糎、横2.8糎）

本紙折目の背の墨書

（巻上ノ上）

第一丁 ……………… 温初　上　一

第二丁～第四丁 ………… 温故　上　二～上　四

第五丁～第四十四丁 …… 上　五～上　四十四

（巻上ノ下）

第一丁～第四十三丁 …… 上　四十五～上（×九）八十七

（巻下）

第一丁 ……………… 下　初

第二丁～第四十三丁 …… 下　二～下　四十三

参考図版

始格別の御指導、御高配を賜った。御厚情に対し、心から御礼申上げたい。又、先年の尊経閣叢刊影印本解説、川瀬博士御説等から、多くの学恩を承けた。特に、橋本先生には、御多用の中を諸処の文献について精細な御調査の結果を御教示賜った。又、八木書店の八木壮一社長、金子道男氏には編輯、調査等について、多大の御尽力を頂いた。併せて厚く御礼申上げたい。最後に、筆者の健康上の事情により、執筆が延引して御迷惑をおかけしたことを、深くお詫び申上げる。

（4）「園城寺僧朝順等申詞記」平安遺文二四七一。
（5）国史大辞典解説、園城寺伝記四。
（6）日本仏家人名辞書、日本仏教人名辞典、国書総目録、昭和現存天台書籍綜合目録。（但し、『三井寺灌頂脉譜』には見えない。）
（7）『本化別頭仏祖統紀巻十九』『日本仏家人名辞書』・『望月仏教大辞典』。
岡田希雄「日典日奥旧蔵の温故知新書」（『書誌学』第拾壱巻参号、昭和十三年九月）。
神田喜一郎「妙覺寺常住日典」（『書誌学』第拾巻四号、昭和十三年四月）。
同「『妙覺寺常住日典』補正」（『書誌学』第拾壱巻壱号、昭和十三年七月）。
（8）『日本仏家人名辞書』
里見泰穏「近世法華仏教における仏教研究の態度」（宮崎英修編『近世法華仏教の展開』所収、昭和五十三年三月）。
坂本勝成「京都妙覚寺本末考」（同右）。
（9）森岡健二「五十音図の排列」（『國語と國文學』第二十六巻第三号、昭和二十四年三月）
馬渕和夫『日本韻学史の研究　II』（昭和三十八年三月）
（10）馬渕和夫『日本韻学史の研究　II』五五・九六頁。
（11）日本往生極楽記、扶桑略記廿七永観二年八月廿七日条、元亨釋書四・五、寺門高僧記一、寺門伝記補録第十五、園城寺伝記五、本朝高僧伝九。
（12）築島裕『平安時代の漢文訓読語につきての研究』九五八頁。
（13）後世、「大日經疏」は真言宗で、「大日經義釋」が天台宗で読まれたとされるが、古くは天台宗でも「大日經疏」も多く読まれた。築島裕『平安時代訓點本論考　研究篇』九七九頁。

［参考文献］
○三ヶ尻浩『温故知新書』一冊（孔版）（昭和十一年七月）
○新村出「鴨脚樹の和漢名」（『東亜語源誌』昭和五年十一月）
○岡田希雄「五十音分類体辞書の発達」（『國語・國文』第六巻十号、昭和十一年十月）
○「尊經閣叢刊」複製三冊、解説者無署名（昭和十四年十月）
○川瀬一馬『古辞書の研究』（昭和三十年十一月）八四八〜八六二頁。
○白帝社複製（昭和三十七年）
○中田祝夫・根上剛士『中世古辞書四種研究並びに総合索引』（風間書房、昭和四十六年）

［追　記］
本稿の執筆に当っては、尊経閣文庫常務理事橋本義彦先生、同文庫主幹菊池紳一氏を始めとする、財団法人前田育徳会の各位より、終

十一

既に広く知られているように、本書には他に古写本の存するを聞かず、天下の孤本である。古くからその存在が知られ、この尊経閣文庫本を基にして転写した諸本が一二存する。これらにつき、以下、橋本義彦氏より調査結果の御教示を得たので、それを次に記す。

東京大学史料編纂所蔵本三冊は、尊経閣蔵本の影写本で、その第三冊の末尾に「明治廿四年三月侯爵前田利嗣蔵本ヲ影寫ス」なる奥書を載せ、書陵部蔵谷森本の谷森善臣の識語にいう「大學所蔵本」に該当するものと思われる。第一冊は袋綴冊子本、縦二七・三糎、横一九・三糎、第二冊、第三冊も同体裁である。

宮内庁書陵部蔵本は三冊より成り、東京大学史料編纂所蔵本を更に転写した本で、その第三冊の末尾に「明治廿四年三月侯爵前田利嗣蔵本ヲ影寫ス」「明治卅八年十二月十三日就大學所蔵本雇筆／書寫自手一校訖／八十九翁靖斎主人善臣」なる奥書を載せる。

以上が橋本氏の教示された内容である。この他、京都大学にも影写本があり、三ヶ尻氏の刊行本はこれによったとされる（先年影印本解説）が、未確認である。

総じて、本書の所収の語彙の数は、約一万三千に上り、又、その排列については、部分的に『塵芥』に似た点があるとされるなど、検討すべき問題が、尚、山積して居り、今後の研究課題として残されている。ともあれ、本書は、撰者の斬新な着想、広汎な知識に基づき、多大の労苦を費した成果と見るべく、室町時代の、国語については言うまでもないが、当時の文化全般についての貴重な研究資料を提供する文献と言うべきであろう。

本書の解説としては、この他、先行、後続の諸辞書との関係、出典の個々の確認など、当然触るべき点が山積しており、又、繁簡所を得ぬ論述の多いことを虞れるのであるが、筆者の身辺の事情により、以上にて擱筆することとし、江湖各位の批正を仰ぐこととしたい。

［注］

（1）辻善之助「新羅明神考」（『日本仏教史の研究　第一巻』所収）。
宮地直一「平安朝に於ける新羅明神」（『園城寺之研究』所収）。

（2）藤原実範「園城寺常時龍華会縁記」康平五年（一〇六二）、本朝続文粋十一。

（3）園城寺伝記三・四、寺門伝記補録第十五、園城寺の研究。寺門高僧記には不見。

六二6）、「痺（シヒル、）」（一一八3）、「言少（スサムル）」（一三二6）、「癡（ヒタリスクミミキナユル）瘼」（二一三4）、「撥（ヒキアクル）」（二一三6）、「秀（ヒイツル）」（二一七3）、「失意（ホル、）」（二三一6）、「燎（モユル）尚」（二五〇1）、「寠毛（ヤツル、）」（二五四4）、「湯滄（ユノサムル）」（二五九4）、「崩（クツル、）」（八〇3）、「雪頽（ナタル、）」（一八一4）（以上下二段活用）、「悔（クユル）」（七六3）、「聾（ミ、シフル）」（二三九1）（以上上二段活用）

などがある。古くは夫々「サユ」「ソダツ」「ソロフ」「クユ」等の終止形で掲げられたものである。又、ワ行上二段活用の「モチヰル」がヤ行上二段活用の「モチユ」に転じた例として、「用（モチュ）施（同）白（同）以（同）」（二四八5）が見える。更に又、形容詞の終止法として連体形「ーシキ」を掲げたものに、「不分（ネタマシキ）」（一八七4）があり、シク活用の終止形に「ーシシ」の形を持つ例として「渴心医（ミツホシ、）」（二四〇1）が見られる。

語彙の面では、中世以後に生じた新しい語彙の形として、「アナドル」の例「捜（アナトル）」（一〇八5）「易左（アナトル）」（一五二2）があるが、一方、古形「アナヅル」の例も「蔑如（アナツル）」（二四4）のように見えている。以下、中世以後の語彙と見られるものの一部を列挙する。

「雑開戸（サツトアクトヲ）」（一〇八5）、「矮（セイヒキシ）」（一三六3）、「所司代（ショシタイ）」（一一七1）、

「千尋（チイロ）」（一五七5）、「豆腐（タウフ）」（一四九4）

唐音の語彙があるのも、本書の中世的性格の一つであろう。

「行ー燈（アントン）」（二〇1）、「知客（シカ）」（一一七1）、「上副寺（シヤウフウス）」（一一七1）、

「茶所（タス）」（一四五3）

このような中世語が多く収録されている一方で、古来の訓点本に使用された独特の伝統的な語彙が、多く収録されていることも注意しなければならない。

「徼左（サイキル）遮（サイキル）」（一一二2）、「陜文（サミス）」（一〇八1）、「加之（シカノミナラス）」（一二七3）、「恃天（ヲキロ）頣天（ヲキロ）」（四六4・5）、「尸（シニカハネ）」（一一八3）、「尖（スルト）」（一三三2）、「尖（スルトニス）」（一三〇4）、「官左學也（モノマナフル）」（二四八2）（「マナブ」の古形である上二段活用）など、その一例であって、当時の口語語彙ばかりではなかったことが知られる。

本書は、漢字漢語の音訓を示すのが中心であるが、中には、故事来歴など、百科辞書的な要素も纔ではあるが含まれている。

「折角（セッカク）前漢元帝召諸易家論其同異五鹿充宗吐弁言之諸儒莫抗召朱雲入論速挫五鹿言諸儒語曰五鹿嶽々朱雲折其角」（一三九3）

「干將莫邪（カンシヤウハクヤ）劔二名也越王勾踐后避暑願涼常抱鋏柱臥果后有孕鋏精産帝使歐子鑄劔是也　艶東坡作也」（六一5）

「望夫石（ハウフセキ）夫人武／昌山不帰其婦戀／死後化石ト(?)艶」（二〇一6）

「雁塔（カンタフ）昔僧欲食飛行ー則死落タリ埋之立塔名ーー」（五二1）

「四大寺東大／興福延暦／園城」（一二四3）

「六書（リクショ）一象形日月之字也二／會意止戈武人言信／也三形声江河字也四指事上下字也五／假借無定字今長也／六轉註左轉肴右老也」（二六八4）

などは、その一例である。一々典拠を求むべきであるが、後考に委ねることとしたい。

言（コト）」（一二〇3）、「賤小手巻（シツノヲタマキ）」（一二二6）、「千歯破（チハヤフル）」（一五七5）などがその一班である。「无墓（ハカナシ）」は観智院本類聚名義抄にも「無墓ハカナシ」（僧上六〇）等と見え、今昔物語集などにも頻に使用されている。又、「健射融（シタヽカニイトホス）」（一二六4）、「取押留目盤（トツテヲサヘテトヽメヲサス）」（一七五4）などは、軍記物語からの引用のようであるし、一般的に見て、真名本を引用した語彙もあるかとも見えるが、仮名文から和語の語彙を引用し、それに強いて宛字の漢字を記したものもあるかも知れない。

一方、誤写の例も少くない。前述したものの他、「附賽」の「サリフスヘ」（一〇七3）は「サカリフスヘ」の誤か。「斜　眼（アラカシメスルコト）」（二四5）の「アラカシメ」は「アカラメ」の誤か。又、「頗（ソヒフル）」（一四三3）は「ソコフル」、「被　讀（ラルヽアソハサ）」（二六六5）は「アソハサル、」で、原本の誤か、又は転写の際の誤かと思われる。

この他、出典未詳のものも少くない。

「央」「推筴央（ヲシカソフ）」（四九6）、「頌央（クヒカタヽカヘリ クヰニカム）」（七五6）

[快言]「責事快言（セメテノコト）」（一三九1）

[玄]「擬玄（アテカウ）」（一六2）、「悶玄（キモタツ）」（六八1）

[古史考]「釜（カマ）ー鍋／古史考曰／黄帝始造之」（六〇4）

[支]「窟支（アナホル）」（一六5）

[仲]「将仲（アチキナシ）」（二四1）、「韓仲（ウツケタリ）」（四〇3）、「矜侉仲（ヲコル）」（五〇4）

[天正]「制咀羅天正（セイタラ）」（一三五3）

[嶋]「生憎嶋（アラニクヤ）」（二四5）

[神]「批神（イラフ）」（二八2）、「勧神（スヽムル）」（一二九6）

[八陽経]「ノ乀（ホツヘツ）八陽経」（二三一6）

これらを含めて、当時の文人達の読書の範囲、使用語彙の一端などが窺われるのであり、今後の更なる詳細な検討が期待される。

十

国語史の上からは、この書の書写された、室町時代後半頃の様相を示した現象が多く現れている。

先ず、音韻の面では、ジとヂ、ズとヅの混同が未だ見られないことが注意される。「暫（タチロク）」（一五二2）「窂籠（タチロク）」（一五三2）が「タジログ」の誤用であるとする説は、当を得ないのであって、古例すべて「ヂ」であることが、近時の研究で明にされている。

漢字音については、喉内入声韻尾（-k・キ又はク）が舌内入声韻尾（-t・チ又はツ）に転化した例として「謫居（タツキヨ）」（一四五3）などがあり、唇内入声韻尾（-p・フ）が舌内入声韻尾（-t・ツ）に転化した例として「雑餉（サツシヤウ）」（一〇七4）、「甲冑（カツチウ）」（六〇5）、「濕氣（シツキ）」（一一五2）、「十哲（シツテツ）」（一二四3）などがある。「エウ」「ヨウ」の混用例は、夙く平安時代末から見えるが、「詮要（センヨウ）」（一三九5）、「幼稚（ヨウチ）」（二六二5）、「菱花（レウクハ）」（二七一6）、「龍（レウ）」（二七一1）などがある。

次に文法の面では、先ず、動詞（下二段・上二段活用）の連体形を終止法として掲げた例として、

「寒（サユル）」（一〇六1）、「生子（ソタツル）」（一四一3）、「汰（ソロフル）」（一四一3）、「告（ツクル）」（一

「色葉」は「紡車《ツミ》機具 色葉」（一六四5）、「薫爐《ヒトリ》或火鳥 色葉」（二一五6）などの例があるが、明に色葉字類抄である。三巻本色葉字類抄には「紡車ツミ収糸具也」（黒本本中二四オ三）「薫爐ヒトリ　火鳥《ヒトリ》或書用之」（前田本下九四ウ一）のように見えて一致する。

［東］（東宮切韻か、未詳）「如辰《カクノコトシ》東」（六四2）、「霜信《サウシン》鳥名也 似广 東」（一〇七1）

［聚］「聚分」（聚分韻略）「紗《ヲリモノ》聚」（四八2）、「孩《カイ》｜子《トシヨリ》聚」（五二6）、「靫《ウツホ》聚分又東」（三九3）

［畧］（聚分韻略か）「止要《シヨウ》畧」（一二七6）

［下］（下学集）「切符《キツフ》下　既得《キトク》下」（七二1）、「左礼《サレ》下」（一一三1）、「傳奏《テンソウ》下」（一六八1）

又、和書の類の中で、和文と思われるものには

［伊］（伊勢物語）「御服《ミケシ》伊」（二三九6）

［伊注］（伊勢物語注）「専《イト、》伊注」（三三1）、「分目《ケチメ》伊注」（八六5）、「無遮《ハシタナキ》伊注」（二一〇3）、「善宮仕《ナマミヤツカヘ》伊注」（一七八5）

［大鏡］（大鏡）「額栗《ヒタイクリ》大鏡」（二一五4）

［公家説］（古今集、源氏物語、伊勢物語などの堂上家の注か）「擲石《ナゲシ》公家説」（一七六4）

［顕昭説］（古今集顕昭注か）「女萎《ヱク》顕昭説」（四三4）

［源］［光源氏］（源氏物語）「霊運當遷《アツシウ》源」（一三5）、「將拳《キテ》光源氏」（二五六5）

［源注］（源氏物語注）「備《ソ、ノハカス》源注」（一四一6）

［古］（古今和歌集か）「相間《アイオイ》古」（一八2）、「無情《アチキナシ》　常《同》古」（二四1）

［古序］（古今集序か）「仙郎大夫《アマ》古序　海士《同》」（一三6）

［古注］（古今集注か）「不審《イフカル》古注」（三三4）、「姤《ウラヤム》古注」（三七5）、「天切圖《アマキル同》古注」（一一4）、「天章成《テナラフ》古注」（一六九5）

［後］（後拾遺和歌集か）「桑穀葉《カチノハ》後」（六五5）

［平家］「軟挺《ナンリヤウ》平家馬」（一七七2）

［万］（万葉集）「鬼志許草《ヲニノシコクサ》万」（四七5）、「困レ厝《ヲキトコロナシ》万」（四九6）、「肆　宴《トヨノアカリキコシメス》万」（一七一1）

などがある。この他、「往来物」からの引用があったと思われるが、出典を注記したものは案外に少く、「衆人往来」の「勝《スクル》衆人往来」（一三〇3）、「富士往来」（富士野往来）の「指懸《ユカケ》富士往来」（二五八5）、「教児往来」の「首途《カトテ》教児往来」（五七3）などの例が見えるに止っている。又、「艶」「艶簡」は、川瀬博士は「夫婦寐寤艶簡集」で往来物の一種と説かれている。「高麗端《カウライヘリ》更衣 艶」（五九6）、「健《ケン》襟《エリ》也 縁也艶」（八四5）、「断腸草《タンチヤウ》芙蓉歟 艶」（二四九3）等の例がある。「穴賢《アナカシコ》恐々謹言義也 誋（?）誩非隠也」（二三4）は特に出典は無いが、往来又は文書の類の文末の語であろう。

以上のように、和書の類は全体としては、分量は多くないが、唯、注記はないものの、明に和書から採られたと思われる例がある。「天　象《アマノハコロモ》」（一九5）、「最莫鳴《イタクナ、キソ》」（三三5）、「早苗《サナヘ》」（一〇九2）、「波々羅々覆《ハラ〳〵トコホス》」（二〇九4）、「无基（墓）《ハカナシ》」（二一〇2）、「必墮地獄《フタメク》」（二二四4）、「佐見事《サミツルコト》」（一一三1）、「潸々泣《サメ〳〵トナク》」（一一三3）、「霈《ヒチカサアメ》」（二一一2）、「尓程《サルホトニ》」（一一三6）、「秘｜行《サイマクル》」（一一四1）、「二親《タラチネ》」（一五一3）、「観後《シリウ》

九

国書の類の内、漢文の書と見られるものは、

[醫]（醫心方か）「譫語醫《タハコト》」（一四七5）

[酉]（「醫」の略か、川瀬博士説）「疝酉《アタハラ》」（一五2）、「心端酉《イキサシ》」（二七5）、「桲（悖カ） 動酉《ヲトリハラタツ》」（四七1）、「庸人醫《ヤフクスシ》」（二五二3）

[石山申状]「可石山申状一町《ハカリ》」（二〇八4）

[往生要]（往生要集）「髴往生要《オホキ》」（二八三4）

[太子伝][太]（聖徳太子伝か）「古社詞太子傳《コソ》」（九三6）、「覺太《ウツヽ》」（四〇2）

[天][麗気記][麗]（天地麗気記か）「天 地麗氣記《カミツカタシモツカタ》」（五一1）、「南《タスク》 無麗《ワレヲタスケタマヘ》」（二七六3）、「媛天《アハケタリ》」（一六3）、「妐天《アラソフ》」（一六4）、「驃天《アカクリケ》」（二一1）、「淋天《アク》」（二二4）、「磴天《イシハシ》」（二五3）、「娉天《イヤイトコ》」（二六5）、「憩天《イキツク》」（二七5）、「抄天玄《クラマス》」（七六4）

[日]（日本書紀）「一書日《アルシヨ》」（二一5）、「可美日《ウマシ》」（四一4）、「糞日《ミトノマクハヒ》」（二三九4）、「臣日《ヤツカレ》」（二五一6）、「敢不去日《エサラス》」（二六一4）、「薫黄皾泉日《ヨミツクニ》」（二六二3）

[年中行事]（建武年中行事か）「御弓年中行事《オホンタラシ》」（二八二5）

[長谷寺神記]「奉《タテマツル》 資《タムケ》長谷寺神記ニアリ」（一四七2）

[琵]（琵琶譜か）「雑錯琵《カキミタス》」（五七5）

[風土]（風土記か）「道一條二條風土《ミチヒトスチフタスチ》」（二四〇4）

[碧厳]（碧厳録）「土掘子碧嚴《カナフクセ》」（六一6）

などが見え、又、辞書の類には、本草和名、和名類聚抄、色葉字類抄、聚分韻略、下学集などがある。

「和名」又は「和」は『和名類聚抄』であろう。「櫟梂和名《イチヒノカハ/イチヒノサネ》」（三〇5）は、「和名類聚抄」の「櫟子、崔禹錫食経云、櫟子、上音歴、和名以知比」（道円本巻十七・八ウ）と較べて小異がある。「朱櫻和名《カハサクラ》」（五七6）は「朱櫻 本草云、櫻桃、一名朱櫻、波々加、一云加邇波佐久良」（箋註本巻十・九二ウ）、「鍉鑱和《カナツキ/カナフクセ》」（六一3）は「鑱 唐韻云、鑱、音讒、一音蹔、漢語抄云、加奈布久之」（道円本巻十五・一一オ）とあるが、「カナフクシ」は古語であって「カナフクセ」に誤ったのであろう。「青瓜阿乎登アコタ瓝和」（一八6）は「青瓜 兼名苑云、龍蹄、一名青登、和名阿乎宇利」（道円本巻十七・十二ウ）の「阿乎宇利」の誤写、それに続く「千歳虆《アマツラ》」（一八6）は「和名」の注はないが、「千歳虆汁、本草云、千歳虆汁、和名阿末豆良」（道円本巻十六・十七ウ）の引用であろう。「羊蹄《シノネ》或羊蹄菜《シフクサ》和名又菫」（二二一4）は、和名抄に「羊蹄菜、和名之布久佐、一云之布久佐、一云之」（道円本巻十七・二五オ）とあるのと符合する。このように誤写の類は多いが、大体は和名抄との対応が認められる。

「本草」は『本草和名』と見られる。「櫻桃本草《カハサクラ》」（五七6）の例は、『本草和名』の「櫻桃、和名波々加乃美、一名加尓波佐久良乃美」（下三〇オ）の記事と対応するが、上述の和名抄の記事「朱桃、本草云、櫻桃、一名朱櫻、波々加、一云加邇波佐久良」（箋注本巻十・九二ウ）からの引用かも知れない。

の「届（誡と同音）、古拝切」と一致するなどの例がある。古本の諸切韻や広韻などから直接引用したとするよりも、『聚分韻略』などを経由したと見るのが良いのかも知れない。尤も「莖(クキ)余更切」（七七4）のように典拠未詳の反切もある。

仏典関係からの引用は意外に少い。纔に法華経、章安尺、大日経、往生要集、碧巌録、麗気記などからの例が見られる程度である。一般に古辞書の和訓に漢籍出自の語彙が多いことは、平安時代以来の傾向であり[12]、それが仏典と異なることは、既に述べたことがある。法華経、大日経、大日経疏[13]、往生要集など、天台宗関係の書物は、著者が園城寺と関係ある人物であることによるかも知れないが、中で天台宗の中心的経典である法華経については、「法華」「法」などの略称で、左記のように二三の例が見えるに過ぎない。「相扠(コフシアハセ)(サウシャ)法華」（八九6）は法華経安楽行品に「亦不親近諸有凶戯相扠相撲及那羅等種々変現之戯」、「謦欬(コハヘライ)法」（九〇2）は如来神力品に「一時謦欬倶共弾指」、「官事(オホヤケコト)法花」（二八四2）は五百弟子受記品に「是時親友官事当行」のように出典が確認出来る。又「章安尺」の引用が僅か一例見えるが、「分野(アリサマ)章安尺」（二四3）の章安は隋の章安大師灌頂（五六一～六三二）の書で、その筆録した『法華玄義』『法華文句』『摩訶止観』の天台三大部を指すかと思われる。又、「鏡(カヽミ)之當臺妍醜難隠王教平心論」（六一4）の「心論」は、不空の『菩提心論』かと考えたが、本文に見当らない。又、序文を執筆した尊通の『菩提心論愚疑』にも見えない。尚、考えたい。この他、碧巌録は臨済宗の書、麗気記は真言宗の弘法大師に仮託された書であり、天台宗との縁は必ずしも濃いわけではない。仏教関係の語彙は、纔に「菩提(ホタイ)」（二三二1）、「曼殊沙華(［マ］ンシュシャケ)」（二三五1）、「閻浮提(エンフタイ)」（二六一5）、「閻魔庁(エンマノチャウ)」（二六一6）、「羅漢(ラカン)」（二六五2）など、一般的なものが見えるだけである。一方、法華文句、法華三大部など教学関係の専門的な語彙は見当らない。かような傾向は、本書に限らず、漢字漢語に音訓を加えた辞書については、色葉字類抄から古本節用集の類に至るまで、広く見られる傾向であり、この種の辞書が、仏書の解読や著述などの仏教教学よりも、一般の和漢の書の読解や詩文、日用の文書の作成などの参考に供せられたことを物語っている。唯、「布薩(フサツ)律之勤行毎日十五晦日白黒月修之」（二二一5）、「陞座(シンソ)(ノホル)説法」（一二〇1）、「團子團(タンコタン)聖天供」（一四九5）、「橛(ケツ)護广」（八五1）（橛は護摩壇の四方に立てる柱）、「表木(ヘウモク)護广」（二二六4）、「衣木(ミソキ)神佛義(儀)軌」（二四〇1）などは僧侶に身近な語であるし、「生飯(サハ)鬼子母経説」（一〇九6）が鬼子母経であれば、一般人には疎い仏僧の用語であったかも知れない。又、「捉(ツカム)血脈」（一六二1）の「血脈」は多分僧侶の中だけに伝った書かとも思われるが、確かでない。「夜半(ヒトサタマル)子時脉書」（二一一6）の「脉書」も血脈関係の書か否か、詳でない。「竺傳(チクテン)天竺傳」（一五六6）の「天竺傳」や、「黠児(ワランヘ)(ヲソクレ)仏」（五〇4）、「沈吟(ナケキ)(マヨウ)仏」（一八一4）の「仏」などは、未勘である。他の仏典の例を示す。

［大日経］（大日経）「濘(スヘル)路(ヲ)大日経」（一三〇4）

［大疏］（大日経疏）「蚊虻(モンマウ)大疏」（二五〇5）

更に、「寸」(一六五2)、「病鵲」(二五二2)、「三更」(二三五6)も遊仙窟の引用と思われる。

又、院政期書写の図書寮本類聚名義抄には、多くの和訓の出典が示されているが、その内の一例として文選の例を挙げておく。『温故知新書』では「文」、類聚名義抄では多く「巽」と略されているが、中には「文」を記していない例もある。

○綵緻文(二一一2)

[図書寮本類聚名義抄] 綵緻トイロキヒウシテ巽(三一七5)

○磢礲文(一〇五2)

[図書寮本類聚名義抄] 磢礲――ノサ、レイシ巽(一五六4)

○蔣々文(一五三4)

[図書寮本類聚名義抄] 蔣々トタカシ巽(一四四3)

○逴躒文(九四5)

[図書寮本類聚名義抄] 逴躒トコエスキテ巽(一一三5)

○崢嶸(一五三3)(出典不記)

[図書寮本類聚名義抄] 崢嶸トタカクサカシ巽(一四四4)

この他、出典の注記のないものでも、漢籍の引用かと見られるものが少なくない。

「綵―緻ト」(三一5)は上述のように、同訓が(一一一2)にもあり、「文」と注記がある。「邊鄙」(一三5)は小異はあるが『和名抄』に「邊鄙、文選西京賦云蚩眩邊鄙、訓、阿豆萬豆」(道円本二・十ウ)とあり、又「頡頏」(一七五6)も文選の訓であろう。

八

辞書の類では、説文、玉篇、尓雅、切韻系の韻書などがある。「乢説文玉」(二二一4)は説文二上に「屮、蹈也」、後述の『大広益会玉篇』に「乢、他達切、説文蹈也」とあるのに符合する。「玉」「王」(玉の古体字)は「大広益会玉篇」であり、「幼稚少玉」(二七4)は『大広益会玉篇』に「幼、伊謬切稚少也」とあり、「脊背―王」(二七5)は「背、補對切背脊又歩内切」の要約引用、「畾所也地―間也玉」(二六五1)は「畾音雷田間也」とあり、又、「卵凡物元乳曰―玉」(二六五3)は「卵、力管切凡物无乳者卵生」の誤写、「鷇大半玉」(八九3)は「鷇、吉弔切、高声大呼也」の誤写かと見られる。「馵平関切一歳、駭胡涓切一歳、駒九于切二歳、駣徒高切四歳、𩡧布戞切八歳、駥而弓切八尺」(二八五6〜二八六1)等に始まる長文の引用があるが、これは『大広益会玉篇』の「駣、徒高丈小二切、馬四歳」「𩡧、布戞切、馬八歳」「駒、九于切、馬二歳」「馵、平関切、又為萌切、馬一歳」「駭、胡涓切、馬一歳」「駥、而弓切、馬八尺也、雄也」の要約と見られる。「尓雅」からの引用は、例えば「瘞尓雅祭地曰瘞貍」(三七2)は尓雅釈天第八「祭地曰瘞薶」と、「寅―卯尓雅曰太歳在―曰攝提格」(一七一2)は、尓雅釈天第八「太歳在寅曰攝提格、在卯曰單閼」と符合する。本書の中の反切には『広韻』と一致するものが多く、「率所律切」(一四一1)は『広韻』の「率、所律切」と、「一切妻結切七説切断也」(一八七3)は『広韻』の「切、千結切」と、「届聚古拝切カイ反」(一七二2)は『広韻』

モ任へ不（る）カ若シ（既出水體弱力微若不任羅綺）（一九六行）

○側長傳（一四一3）

[寛喜点] 京ー師の長ー吏、之カ為に目を側む（京師長吏為之側目）（二〇八行）

[正安点] 京師の長吏、之か為に目を側む（京師長吏為之側目）

これ以外にも、「盤折白文集」（一五九4）、「懸相色白文」（八四2）、「外人樂」（七四3）、「麁人文集」（一七七1）、「僥　倖白」（一八七4）、「口身知家白文集」（二八四5）など、例が多い。

遊仙窟は「遊仙」「遊」「仙」などの略号で示される。遊仙窟には、醍醐寺蔵本の康永三年（一三四四）点、真福寺蔵本の文和二年（一三五二）点などの古点本が伝存しており、これらの点本の訓は『温故知新書』と符合するものが多いが、時には完全に一致しないこともある。『温故知新書』の中には注記無しに遊仙窟から引用したと推測される訓も少くない。尚、遊仙窟康永点は大江家伝来の訓点に菅原家の訓を併記したものであるが、文和点の系統は未だ十分に解明されておらず、『温故知新書』との関係も今後の研究に俟つべき点が多い。

○不肯遊仙（三四2）

[康永点] 渠、痛タ人に肯ヒ不ハ、更に別に天シキトコロヲ求メンヤ（渠痛不肯人更別求天）（三オ）

[文和点] 渠　痛タ人を不肯ヒツルモノナラは、更に別に天を求メム（渠痛不肯人更別求天）（五左）

○明月遊（一三2）

[康永点] 無ー情とアチキナキ明ラカナルー月ハ、故ー故とネタマシカホニ窓に臨（め）リ（無情明月故故臨窓）（五オ）

[文和点] 無ー情トアチキナク、明ー月ノハレタル（ツキ）は、故ー々トネタマシカホニ窓に臨（めり）（無情明月故故臨窓）（八右）

○無端仙（二四1）

[康永点] 無ー端とアチキナク強ヒテ他を熨ス（無端強熨他）（二二オ）

[文和点] 無端ク強　に他を熨ス（無端強熨他）（三二右）

○分疎仙（四一4）

[康永点] 娘子、分ー疎とヲロソカ（なること）莫レ（娘子莫分疎）（一八ウ）

[文和点] 娘子、分疎フコト莫レ（娘子莫分疎）（二七右）

○豹胎仙（二〇三2）

[康永点] 豹ノ胎（豹胎）（一九ウ）

[文和点] 豹の胎（豹胎）（二八右）

○拍搦仙（四一2）

[康永点] 妳ー房のチフサ（の）間を拍　搦トウチタ、キ（妳房間拍搦）（三二ウ）

[文和点] 妳ー房ノチフサ（の）間を拍ー搦トウチタ、キ（妳房間拍搦）（四六右）

［孟注］（孟子注）「綜孟注」（一七八5）
［蒙］（蒙求か）「漱蒙」（三七3）
［蒙序］（蒙求序か）「屬蒙序」（八七5）
［楊雄］（漢書楊雄伝か）「酥楊雄」（二四〇2）
［文］（文選）「邊鄙文」（二二五2）、「高眶文」（二三三5）、「劬文」（二八3）
［礼］（礼記）「細人礼」（二六5）、「獺祭魚礼月令」（五三3）
［呂氏春秋］「春呂氏春秋曰赤糞」（三九3）
［老］（老子）「雄老」（一一二2）
［論注］（論語注）「遺論注」（四六4）

これらの和訓の中には、現存する古訓点本の訓と合致するものが多いが、既に知られているように、特に漢籍においては、伝来した博士の家ごとに訓法が相違対立する場合が多く、本書の訓がどの家の流であるかについての検討もすべきであるが、今回はその余裕が無いまま、後考に委ねることとする。その内、二三の例として、論語、白氏文集、及び遊仙窟を取り上げて見たい。

論語には建武四年（一三三七）清原頼元加点の大東急記念文庫蔵本があり、両者を比較すると次のようである。（以下、読下し文の中の平仮名は、原本のヲコト点を示す。）

○巧言令色論（二五二5）
［建武点］言を巧にシ、色を令クスルは、仁あるコト鮮シ（巧言令色鮮仁）（学而第一）

○折獄論（一一四2）
［建武点］子ノ曰ク、片ー言に以て獄を折ム可キは［者］、其れ由か［也與］（子曰片言可以折獄者其由也與）（顔淵第十二）

とあり、良く一致する。

白氏文集は『温故知新書』では「白文集」「白氏」「白文」「白」「樂」「文集」など、長恨歌は「長恨」「長傳」などの略称を附して引用されている。白氏文集には神田本の天永四年（一一一三）藤原茂明点があり、同書の巻第十二に含まれる長恨歌、並びにそれと併載されている陳鴻撰の長恨歌伝には金沢文庫本白氏文集寛喜三年（一二三一）点、正宗本正安二年（一三〇〇）点などがある。

○外人白（三五5）
［天永点］外キ人には見エ不、見エは笑ヒモ應スレ（外人不見見應笑）（巻三・九ウ）

○面縛（一一九6）
［天永点］傳戎人々々、耳、穿ケ、面縛、驅ラレて秦に入ル（傳戎人々々耳穿面縛驅入秦）（巻三・二二オ）

「文集」寛喜点、及び「長歌伝」正安点の比較例を、一二示す。

○出水長恨（一六5）
［寛喜点］既に水ヨリ出テ、、體、ー弱ク、力、ー微ニシテ羅ー綺ニモ任ヘ不（る）カ若シ（既出水體弱力微若不任羅綺）（一九六行）
［正安点］既に水より出て、體弱く力微に（し）て羅綺タ

本書に収録された語彙は、幾つかの要素に分析することが出来るが、その第一は、漢籍の漢字漢語とその字音和訓の類であり、第二には、国書の和訓、乃至は「无基(ハカナシ)(墓)」(二一〇2)のような真名本に見られるような漢字とその和訓とであって、これらが本書の中核を成している。更に加えて、故事来歴の類を挙げて、簡略な記事で注解を加えた項目があり、僅ながら百科辞典の要素を備えている。

第一の、漢籍の漢字漢語とその字音和訓の類については、次のように典籍の略名が附記されているものが多いが、中には、明に漢籍の和訓でありながら、書名を注記していないものも少なくない。この略名には、文選を「文」、日本書紀を「日」、遊仙窟を「仙」など、一般の古来の略称と異なるものもある。古くは文選は「選」「巽」、遊仙窟は「遊」などと略することが多かった。

[晏氏春秋]（晏氏春秋）「見軍作矢(ミテイクサハクヤ)晏子春秋云臨難鑄兵臨渇堀井類也」（二四一3）

[易]（周易）「延(アマノウケナハ)易」（二〇4）

[孔子][家語]（孔子家語）

「忠言逆耳(チウケンサカフミヽニ)孔子曰良薬苦於口而利於病ーーー於ー而利於行」（一五八5）。

「濫觴(ランシヤウ)始也泯江始出於泯入於楚国滄波万頃渉舟船見□□源少□及ー家語山谷詩泯江始々入楚即無底」（二六六6）（源氏物語奥入からの引用か）

[韓詩][韓]（韓愈詩か）「顫(カシラフル)韓孟句」（五五3）、「燐(キツネヒ)韓詩」（七〇4）

[孝]（孝経）「嘯(ウソフク)孝毛」（三七5）、「競(イキソクフ)孝文」（六八3）、「口實(クチスサミ)孝」（七六6）

[孝注]（孝経注）「夫然(カクノコトシ)孝注」（六四2）（原文は「如辰(カクノコトシ)東　夫然同孝注」とあるが、便宜上「夫然(カクノコトシ)孝注」のように引用する。以下同。）

[玉屑]（詩人玉屑）「噂短(ソンタンノシリウコト)玉屑」（一四四2）

[公羊伝]（春秋公羊伝）「提月(テイケツ)公羊伝晦云也」（一六七3）

[春左][左伝][左]（春秋左氏伝）「蒐(カリ)春左」（五六4）、「春秋(シユンシウ)魯史左傳」（二二三1）、「挑(イトム)左」（二八6）

[史記][史]（史記）「打擲(チヤウチヤク)出史記」（一五九2）、「橐(フクロ)史」（六一3）、「咨(アヽナケク)史」（二二6）、「建(コホス)史」（八九6）、「餂(トツヲル(トノヲルの誤か))史」（一七五2）、「譲畔(ユツルクロヲ)史」（二五九4）

[史序]（史記序）「是非相貿(シイヒアイカヘテ)史序」（二二〇4）、「抄内(ヌイテイル)史序」（一八五5）

[尚]（尚書）「挟人(サミスルヲ)尚」（一一三5）

[荘]（荘子）「風(ヲト)荘運斤成ー」（四九4）

[大学疏]（大学疏）「様子(ヤウス)物大学疏」（二五五1）

[貞]（貞観政要）「市(カフ)貞」（五五3）、「諸(カタヘ)貞」（六三4）、「瓦礫(クハリヤク)貞」（八一3）

[中注]（中庸注）「觶(サカツキ)中注」（一一〇2）

[中]（中庸）「凝(アツムナル)中」（一七5）、「禺(ク)ー中」（七四2）

[東坡詩][東]（東坡詩）「鞬(ウツホ)東坡詩」（三九2）、「靫(ウツホ)聚分又東」（三九3）、「寒虷燈名也夜東也　東」（六二4）

[毛詩][毛][詩]（毛詩）「騶虞(スウク)馬類也是義獣也毛詩」（一二九1）、「寺(アツマル)詩」（一五4）

[孟]（孟子）「輪(エヒラ)孟」（四三6）、「良(ハナハタ)孟」（二〇八6）

前田育徳会尊経閣文庫所蔵『温故知新書』所用仮名字体表

ア	カ	サ	タ	ナ	ハ	マ	ヤ	ラ	ワ	ン	畳符
ア	カ	サ	タ	ナ	ハ	マ	ヤ	ラ	ワ	ン レ	アフル、カヘス〳〵キラ〳〵し
イ	キ	シ	チ	ニ	ヒ	ミ		リ	ヰ		
イ	キ	し	チ	ニ	ヒ	ミ		リ	井		
ウ	ク	ス	ツ	ヌ	フ	ム	ユ	ル			
ウ	ク	ス	ツ ツ	ヌ	フ	ム	ユ	ル			
エ	ケ	セ	テ	ネ	ヘ	メ		レ	ヱ		如
エ	ケ	セ	テ	子	ヘ	メ		し	ヱ		如
オ	コ	ソ	ト	ノ	ホ	モ	ヨ	ロ	ヲ		云
オ	コ	ソ	ト	ノ	ホ	モ	ヨ	ロ	シ		云

六

本書の内容上、特に三井寺園城寺と関係の深い記事は、さほど多くは見られない。唯、第三冊の巻末（二八五頁）に

修學六時作法　三井千観内供奉 本時候門在之
寅卯修行観法辰巳轉讀文書午未徒衆同学申酉文義暗誦戌亥問師要文子丑休息全身
右子臥寅起餘不眠止無益及往還若修若學於懈怠
寸陰寸時莫徒然常制禁意馬加鞭鉤得心魚放筌矣

という記事があり、三井寺千観内供奉（九一八～九八四）に定めたと思しき作法が記され、睡眠四時間という厳しい修行の規定が窺われる。千観は行誉の入壇弟子で摂州大徳と号し、園城寺にあって学は顕密を兼ね、又、摂州箕面山において「法華三宗相対釋文」を撰し、諸宗章疏録には「四十問答」他計十五部の撰書を掲げる。又「極楽国阿弥陀和讃」「妙法蓮華経二十八品頌」「法華三宗対釈文」等の製作も伝えられ、千手観音の化身と言われた。(11)

この他、三井寺と多少とも関係のある記事としては、「首尾(シユヒ) 三井寺論義之時持之」（一二一3）、「稲穀花(ハノセ／タウコツケ) 三井　煎花(ハセ) 山門」（二〇六4）、「糀(ハケ) 山門聖供舟立也」（二〇七5）等に「三井」「山門」の名称が見えるに止まるようである。

七

本書の体裁は、上述のように、アイウ等の部を立て、各部の中に更に、乾坤門、時候門などの十二門の意義分類を施し、その門名の下に続けて

開闢(アメツチヒラク)　宇宙(アメノシタ)日　國家同　天下同　天離(アマサカル)天都(ハ)也
……溜文(アマシタリ)……脂(アフラ)アブラサス毛……爽塏(アキラカナリ)サウカイト

のように、漢字、漢語を挙げ、主として右傍に、時に屢々左傍に、片仮名による音訓を施し、又、漢文に拠る簡略な注文を附記している。

音訓に用いられた片仮名は、室町時代後期の通用字体で、特に言うべきこともないが、o（ア行のオ）の項目に収められた語彙の第一音節はすべて「ヲ」から始まり、vo（ワ行のヲ）の項目に収められた語彙の第一音節はすべて「オ」から始まっている。部立の基礎となったのは、言うまでもなく五十音図であるが、それは前述の断片に記されている音図の一部からも確認出来る。実際には梵字の音価に拘らず、関係の部立の第一音節の仮名は「アイウヱ（及びエ）ヲ」「ヤヰユエ（稀にヱ）ヨ」「ワイウヱオ」のようになっている。尚、濁音符は殆ど見えず、僅かに「連翹(イタチグリ)」（三〇4）の例がある位である。片仮名の字体の一覧表を別図に示す。

実である。但し、ヤ行にyi（梵字）を立ててヰを配し、ア行とヤ行とにエを、ア行とワ行とにウを重出させているのは、異様であって、四十七字分類の節用集の類には見られない点である。ヤ行にヰを配したのは、大東急記念文庫蔵本の『反音鈔』正安二年（一二九九）が初例とされ、又、ワ行のvi（梵字）に「ヰ」でなくて「イ」を配しているのは、叡山文庫蔵本『五音相通』の室町時代末期書写本あたりが最古の例のようである。[10] 又、見出しの梵字は、カキクケコをha,hi,hu,he,hoで、ハヒフヘホをpa,pi,pu,pe,poで、ワ行音をva,vi,vu,ve,voで表しているが、これは、撰述当時の国語の音韻体系において、ハ行音はΦa(Fa),Φi,Φu,Φe,Φoであって、現代のようなha,hi,Φu,he,hoではなかったからであり、又、ワ行音については、梵字にwa,wi,wu,we,woの音が無いので、それに近いva,vi,vu,ve,voで転用したものであって、これと同様の例は、古くから明覚の『悉曇要訣』や信蓮の『反音鈔』などに見えている。但し、カ行音については、梵字にはka,ki,ku,ke,koの字が有るにも拘らず、それらの梵字を使用しなかったことは、平安鎌倉時代に、国語のka,ki,ku,ke,koに近い梵字のha,hi,hu,he,hoで表記した伝統を形式的に引き継いだためであろう。康和三年（一一〇一）頃成立の明覚の撰『悉曇要訣』や上述の『悉曇秘』などを始め、多くの例がある。又、文明当時の国語においては、iとyiとwi、eとyeとwe、oとwoの音韻の区別は、夫々区別されていなかったのであるが、梵字の五十音図に引きずられて、強いてこれらの音節を分割して排列したのであろう。

五

意義分類については、序文に「専擬㆓海蔵略韻㆒、分㆓十六之門㆒」とあるが、次の十二門を立てている。

○乾坤門　○時候門　○氣形門　○支體門　○態藝門　○生植門
○食服門　○器財門　○光彩門　○數量門　○虚押門　○複用門

（「○」は朱書、「イ」以下は多く「○乾ーー」「○時ーー」のように略記している。）

この分類が、現行の『海蔵略韻』の十六門とは合致せず、『聚分韻略』に一致することは、既に橋本進吉博士の指摘された所である。又、序文に「又準㆓源順古抄㆒、設㆓和字之訓㆒」とある「源順古抄」とは源順の『和名類聚抄』を指すと見られ、それによって和訓を記したと解されるが、収録語彙の体裁は後に記すように漢字の右傍及び稀に左傍に片仮名で附記しており、現在伝来している『和名類聚抄』が和訓を漢字・漢語に続けて万葉仮名で記しているのに対して、大いに体裁を異にしていて、一見矛盾するようにも思われる。『図書寮本類聚名義抄』に「倭名或本」と注して、片仮名和訓を引用している例があるから、或いはそのような逸書を基準にしたものかとも、一往は考慮の余地もあろうが、漢字漢語に和訓を加えたという、抽象的な意味の記述と見てよいのではなかろうか（後述）。

う。『宗義制法論』三巻他数部の著がある。(8)

本書は、もと天台宗寺門派の園城寺で撰述されたことは明であるが、それが妙覚寺に伝来した経緯については未詳である。唯、本書には、外典の熟語が多数収録されており、外典に通じたといわれる日典が所持したのは、誠にふさわしいことであろう。或いは、彼が同じ天台宗の流を汲む三井寺との何かのゆかりで、入手したものかも知れない。何れにせよ、日典が住した十六世紀の末には妙覚寺の蔵本となっており、その際には二冊本であったかも知れないが、弟子の日奥が伝持していた文禄元年以後の時期には、上巻が二分されて三冊本となっていたと考えられる。

四

本文の構成は、和語及び漢語を、第一音節によって五十に分類し、見出しの文字を、梵字で、次のように記し、各項目ごとに、十二の門を立て、語の意味によって分類している。これは、発音と意味とを二段階の分類基準とした方式で、原理的には、節用集の類と近い辞書である。(見出しの文字の梵字は、便宜上ローマ字で表記し、その項に収められた語彙の第一音節を片仮名で附記する。)

第一冊(上ノ上) (a・ア) (i・イ) (u・ウ) (e・エ) (o・ヲ)
(ha・カ)(hi・キ)(hu・ク)(he・ケ)(ho・コ)
第二冊(上ノ下) (sa・サ)(si・シ)(su・ス)(se・セ)(so・ソ)
(ta・タ)(ti・チ)(tu・ツ)(te・テ)(to・ト)
(na・ナ)(ni・ニ)(nu・ヌ)(ne・ネ)(no・ノ)
第三冊(下) (pa・ハ)(pi・ヒ)(pu・フ)(pe・ヘ)(po・ホ)
(ma・マ)(mi・ミ)(mu・ム)(me・メ)(mo・モ)
(ya・ヤ)(yi・ヰ)(yu・ユ)(ye・エ)(yo・ヨ)
(ra・ラ)(ri・リ)(ru・ル)(re・レ)(ro・ロ)
(va・ワ)(vi・イ)(vu・ウ)(ve・ヱ)(vo・オ)

項目は梵字で表記されているが、仮名に転記すれば、上述のように現行の五十音図と同一のアイウエオの段、アカサタナハマヤラワの行の順になっている。この順序については、山田孝雄博士『五十音図の歴史』の説もあるが、森岡健二氏、馬渕和夫博士によれば(9)、確実な最古の例は明了房信範の『調聲要決抄』(弘安六年[一二八三])であり、これ以後、次第に多くなって行き、室町時代中期あたりから一定して行ったとされている。本書の排列も、このような歴史の流れの中で理解されよう。

又、ア行のo(梵字)に「オ」でなくて「ヲ」を、ワ行の vo(梵字)に「ヲ」でなくて「オ」を配しているのは、大矢透『音図及手習詞歌考』によれば、文治元年(一一八五)成立の『管絃音義』、承久三年(一二二一)書写の『悉曇秘』などを古い例とし、中世以来江戸時代の後期に至るまで、一般に通用していた形で、契沖の『和字正濫鈔』でもこの形を襲っており、本居宣長に到って、ア行にオを、ワ行にヲを配する古形に復原されたのは、国語学史の上で著名な事

って、その子義光が新羅三郎義光と名乗ったなど、普く知られているが、一方、新羅明神が弥勒菩薩の化身であるとの縁で園城寺の龍華会が創められたこと(2)、承安三年（一一七三）八月十五夜には藤原俊成を判者として「三井寺新羅社歌合」（群書類従巻第百八十七）が催されたなど、講筵、歌文の面とも縁が深かったらしいことは、この社の宮司に本書のような文筆に関する著述編纂があったことの素地と見ることも出来よう(3)。一方、康治元年（一一四二）五月八日の叡山焼討の為に三井寺僧百余人が集会したなどの記録も見える(4)。

著者の「新羅社神司大伴廣公」については、前述のように、序文に「余与ㇾ公久要不ㇾ浅」とあることから、「公」は敬称であって、「大伴某廣」なる人物であろうとされている。このような方式の呼称が他に例が有るか否か、未だ詳でないが、何れにせよ、園城寺が大友村主氏の氏寺として創建されたこと(5)、「大友」と「大伴」とは恐らく同姓で、代々、園城寺の鎮守の神司として、寺との間に、長く深い関係のある家系に属する人物であることは、推測に難くない。続群書類従巻第八十所収の「新羅社服忌令」の奥書に「社家尚書大友泰之」の名が見えることなどは、新羅社と大伴氏との関係の一端を示すものであろう。

序文の筆者尊通（一四二七～一五一六）は、天台宗寺門派の学僧で、拓庵と号し、園城寺の南泉坊、北林坊に歴住した。文亀十年（一五一〇）大学頭となり、『三井続燈記』十巻を文明十五年に撰述したのを始めとして、『科注法華養愚』七巻、『授決集扶老童稚鈔見聞』二巻、『智證大師年譜』一巻、『多心経科文』一巻、『般若心経科文』一巻、『倶舎論大綱抄』一巻、『北林坊名目』一巻、『授決為因抄』一巻、『七喩義』一巻、『科目専義抄』一巻、『菩提心論異本』一巻、『同愚疑』一巻、『贈僧正尊通愚答』一巻、『大師御自抄目録（山王院御作目録）』一巻等を著した。又、『倶舎序記』（文明十一年）、『法華十二論議』（文明十四年）を書写し、『一代肝要抄』に奥書を記し、『阿字秘釈』に加点（応仁二年）した。法華、倶舎に通じた学僧であったと思われる(6)。

第二冊・第三冊の印記に「妙覺寺常住日典」とあるが、妙覚寺は京都市上京区下清蔵口町にあり、日実（?～一四五八）が永和四年（一三七八）に開創した日蓮宗の寺である。日典（享禄元年［一五二八］～文禄元年［一五九二］）は、妙覚寺第十八世で、外典にも通じ、詩文を善くした。宮内庁書陵部蔵本『資治通鑑綱目』その他多くの外典に上記の印記が見え、尊経閣文庫蔵本『分類補註李太白詩』にもこの印があることを、神田喜一郎博士は述べて居られる。天正十八年（一五九〇）佐渡に渡り、根本寺を再興して八世となったという(7)。又、第一冊、第二冊には、更に「妙覺寺常住日奥」の印記があるが、その日奥（永禄八年［一五六五］～寛永七年［一六三〇］）は、日蓮宗の僧で、不施不受派の祖となった。京都の人で仏性院、安国院と号し、妙覚寺日典に師事して、文禄元年（一五九二）同寺二十一世となる。後、不施不受論を主張して対馬に流罪となり、十三年後に赦免されたが、その後も日蓮宗内の論争を続け、妙覚寺に於て寂したとい

○・三糎を算する。本紙には墨界を施し、（界高二二・九糎、界幅二・七糎）、各頁六行に書写する。第一冊及び第二冊の巻首の上欄外には、横長の「奥日住常寺覺妙」の無廓朱印が、第二冊及び第三冊の巻首の標題の下には、縦書の「妙覺寺常住日典」の無廓朱印がある。本紙の紙数は、第一冊は四十四丁、第二冊は四十三丁、第三冊は四十三丁を算する。各紙の折目の背には、墨書で、第一冊は第一丁に「温初上　一」、第二～四丁に「温故　上　二」から「温故　上　四」、第五丁以下は「上　五」から「上　四十四」まで、第二冊は「上　四十五」から「上　八十七（「八」は「九」を訂す）」まで、第三冊は第一丁に「下　初」、第二丁以下は「下　二」から「下　四十三」までの書入がある。これによって、本来は「ア」(a)（原本の標題は梵字であるが、印刷の都合上、以下ローマ字に転写して示す）から「ノ」(no)までの「上」冊と、「ハ」(pa)から「オ」(vo)までの「下」冊の二巻本であったのを、後に「上」冊を二分割して、「ア」(a)から「コ」(ho、後述)までの第一冊と、「サ」(sa)から「ノ」(no)までの第二冊とし、「下」巻を第三冊としたものと考えられる。このことは、内題「温故知新書」が第一冊の巻首と第三冊の巻首とだけにあって、第二冊の巻首には見えず、第二冊の巻首は、内題無くしていきなり「サ」(sa)の標題から始まっていることからも推測される。恐らく原「上巻」が原「下巻」の約二倍の分量があったので、分量の均衡を整えるために、原「上巻」を二分冊としたのであろう。但し、序文には巻数については何も触れておらず、又、内題は二箇所とも「温故知新書」とのみあり、若し本来二冊本であるならば、普通ならば「巻上」「巻下」などの記載が期待されるのに、それがないことは不審であり、或いは原本は全一巻であった可能性も否定出来ないのではなかろうか。又、どの冊にも尾題の記載が全く無いが、これは当時の他の古辞書類に屢々有った例のようであるから、特に問題とすべきではないであろう。

三

第一冊の巻首に内題「温故知新書」があり、続いて「新羅社神司大伴廣公」が編述した旨の序文が記され、「于時文明甲辰林鐘中澣乙亥三井　尊通序」で終る。年紀の「文明甲辰林鐘中澣乙亥」は文明十六年（一四八四）六月二十日であり、本書の書写年代もそれをあまり下らない時期のように思われる。唯、本文中に、誤記乃至は誤写と見られるものがあり、又、異本との校合の注記があるから、恐らく原作本そのものではなく、転写本と見るのが妥当であろうと思われる。

「新羅社」即ち新羅明神社については、『園城寺伝記四』その他に多くの記録があり、既に先学の詳細な研究がある。(1) 円珍が創始した園城寺の鎮守として、恐らく平安時代中期以降に創建されたとされており、『僧綱補任抄出』の天禄二年（九七一）條に、新羅明神に正四位上を授け奉ったとの記事が見え、後、源頼義以来崇敬の的とな

の、五十音順のものを若干紹介されているが、殆どの辞書は「いろは順」であり、その伝統は明治時代の中頃まで続いた。明治八年（一八七五）に文部省で編纂を開始した辞書『語彙』が、「あ」から「え」までで中絶したが、それを承けて大槻文彦博士が『言海』を明治二十四年に完成し、この後、徐々に五十音順の国語辞書が広まって現在に至ったのが実状である。江戸時代までは、五十音図は、悉曇（梵字）など音韻学関係か、又は文法の活用の説明に使われるのが精々であって、辞書の語彙の排列に使用されるについても、上述の『倭訓栞』の緒言にも見えるように、その背景に悉曇学が強く働いていたことは疑いの余地が無い。とにかく、このような流れの中で、他に例の稀な五十音引の辞書『温故知新書』が出現したのは、非常に特異な現象であり、悉曇音韻学の背景があったことを否定することは出来ない。しかし、本書の内容は、純粋の漢字、漢語を集録して和訓を加えた辞書であり、悉曇に関係する記事は殆ど見当らない。後述のように、作者の園城寺の新羅明神社の宮司が、悉曇学の古くからの伝統を持つ天台宗と深い関係があったことは事実であるが、「温故知新」の書名が象徴するように、漢籍に関係した語彙が大きな中心をなしている辞書であり、「いろは順」が一世を風靡していた時代に、何故にかような特異な体裁を持った書物を作り上げたのか、依然として謎は解けずに残っている。唯一つ考えられるのは、序文を執筆した尊通が、博学な学僧であり、『阿字秘釈』に加点したなど、恐らく梵字についても関心を懐いていたであろうことからして、彼の慫慂によったものかも知れないことである。尚、後考に俟ちたいと思う。

二

本書は二巻三冊より成る完本の写本で、桐製の箱（蓋は縦三一・〇糎、横二四・四糎、高さ五・四糎、身は縦二九・七糎、横二三・一糎、高さ五・五糎）に収められ、表書に「温故知新書　三冊／古鈔本有妙覚寺常住日奥及日典／朱印」、蓋の側の正面に「書新知故温」の墨書がある。各冊、後に加えた茶掃の表紙に、藍打曇の貼題簽を新たに押し、文字の記載は見えない。（先年の複製本に存する墨書の単廓の内部に外題として第一冊に「温故知新書　上」、第二冊に「温故知新書　中」、第三冊に「温故知新書　下」と記してあるのは、複製に際して影本に新たに添附したものであって、原本には存しない。）別に、原の題簽と考えられる断片六紙が裏打を施して保存されている。「新書天」「知新書地」「新書」「人」及び「アイウエヲカキクケコ」「サシスセソタチツテトナニヌ子ノ」の記事がある。後の二片は、夫々第二冊、第三冊の表紙にでも貼附されていたのであろう。各冊の小口の綴代の右端に「上」「中」「下」の墨書がある。又、各冊とも表紙の次に遊紙一紙があり、第一冊及び第二冊のその遊紙の裏面（見返）の右下に「正慶」の署名がある（第三冊だけには無いから、多分三分冊にされた以後のものであろう）。料紙は上質の楮交り斐紙、袋綴装、明朝装で、四穴、各冊とも縦二六・八糎、横二

温故知新書は、和語、漢語を集録し、その第一音節によって、アイウエヲに始まる五十音の順で配列した辞書である。文明十六年（一四八四）の成立で、この種の体裁を持つものとして、現存最古の文献であり、辞書史上からは言うまでもなく、国語史学の面からも、極めて注目される存在である。

　本書は、前田育徳会尊経閣文庫蔵本が唯一の古写本であり、他に存する写本も、現在知られる限り、総て前田育徳会蔵本から写されたものである。昭和十四年十月に、侯爵前田家育徳財団から「尊經閣叢刊己卯歳配本」としてコロタイプ印刷により、精巧な複製本が刊行されたが、年を経て、現在では古書肆でも入手困難となっている。今回、再度の精緻な影印本が公刊されることは、正に学界の渇を癒すものであろう。

　本書についての最初の研究は、辞書史の上から検討された、上田万年・橋本進吉博士『古本節用集の研究』（大正五年三月）であろう。この中で、著者の名として序文に見える「大伴廣公」の「公」は尊称で、実名は「大伴某廣」であろうこと、五十音順に排列した最初の辞書であること、分類は序文に「海蔵略韻」によったといっているが、現在の『海蔵略韻』は十四門で、本書の十二門と合わず、却って『聚分韻略』の十二門と合うこと、『塵芥』と門の内容が殆ど同様であること、『塵芥』は『温故知新書』によって成ったものであろうこと、などを明にされた。後、「尊經閣叢刊」の解説では、本書の書誌、内容などを詳密克明に調査され、更に川瀬一馬博士『古辞書の研究』においては、出典の名称を始め、多くの点について新見を披露された。かような優れた研究を受けて、更に附言することは殆ど無いのであるが、一二贅言を加えて責を果すことを許されたい。

一

「温故知新」の語句は、『漢書』『中庸』などにも見えるが、『論語』為政篇に「温㆑故而知㆑新、可㆓以為㆒㆑師矣」とあり、何晏の集解に「温尋也、尋㆓繹故㆒者、又知㆑新者、可㆔以為㆓人師㆒矣」とあるのに拠ったと見るのが穏当であろう。

　五十音順の排列による辞書の類としては、既に南北朝時代の頃に、心空の『法華経音義』に、法華経の単字の字音を五十音順に排列したものがあることを、岡田希雄氏が指摘されているが、この種のものは、他に金剛三昧院蔵本（大永二年［一五二二］写本）や東北大学狩野文庫蔵本（永正九年［一五一二］写本）、東京大学国語研究室蔵本（永和四年［一三七八］写本）、国立国会図書館蔵本などがある。唯、これらは語彙を排列したものではなく、厳密な意味では「辞書」とは言い難い。江戸時代に入り、楫取魚彦の『古言梯』（明和二年［一七六五］刊）があるが、これも仮名遣を示した語彙集であり、その他、岡田氏の示された若干の文献の中でも、本格的な辞書と称することが出来るのは、谷川士清の『倭訓栞』（安永六年［一七七七］以後刊）であろう。これ以外にも、岡田氏は江戸時代の国語辞書の類の中

尊経閣文庫所蔵

『温故知新書』解説

築島　裕

而弓切 カオ切 歩忽切 六周 大結切 匹扁切 明白切 呂朱切 靡京切 陟格切 力唐切 乃平切 扶ゝ切 早馬
駥騋騂騊神駃騙驀駁罵馲駺駑颿
八尺 七尺以上馬牛尾一角 馬之 早馬 上馬 上馬 强馬 汗馬 驢父牛母 尾白 最下馬 凡吹 船進

余准切 魚據切 古穴切
馻馭駃驁
毛逆 古御字使馬 馬生七日起母
駿馬以壬申日 死乗馬是皆日 魚留切
牛 大牲黄帝 服牛乗馬
徒木切 布外切 火奇切 六介 皮稽切
犢犻犙牭犕
牛子 二歳 三歳 四歳 六歳

烏乖切 丞勢切 亍き 直深切 居言切 火京切 歩后切 凡假切 欣宜切
犪掣犍犹犍牲犃犗犧
牽四角合 一角 牽一目 水牛 似豹之首目 三牲 羊牛 短頸牛 牛蹄 純色牛
羊 永属礼日祭 宗廟之礼羊 曰柔毛

羓羬羺羳 似羊九尾 四耳目在
一歳 六尺 四角 背上

修學六時作法　三井千觀内供奉 本時候門 在之

寅卯 修行 觀法 辰巳 轉讀 文書 午未 徒眠 同季 申酉 文義 暗誦 戌亥 問師 要文 子丑 休息 全身

右子卧寅起餘不眠止無益及往還善修善學莫懈怠

寸陰時莫徒無常制禁不意馬加鞭鈎㝵息無放筌矣

本 氣形門 在之
馬右桂猴廿龍業燕尾雲

猿曰山父馬曰山子依之猿守馬　馬 平関切 ⿰馬玄 一歳 胡涓切 駒 二歳 九于切 駣 四歳 徒高切 ⿰馬八 八歳 布㚢切

可愛　柔　忽之　療疾　治　裏　條　裸下　案　戦　思切　居共

思食　官事　存外　天心　面煩　面濼　嘆懸　前弊　潦倒

所念　想像　遣懐　不審　載　采乱　越度　佩委　意者

善夫　愕貽　楪然　臆病　謳謌　怖令　納惶　侍哉　形達

軌制　畓長　少縐　晩空　少略　般樂　口身　知家　白文集

登 巨 艤 艘 懸頭 羈 韉 罵 翔 靮 鞆 鞿 結頭 纏頭

落馬 首 虎子 尿 器

○光ーー 燈明 黄榜 白鷹 唐

○數ーー 多 億 各 詞也 異 少 邪

○虛ーー 封 大 尚也 假 絶 光 宏 左 尚

貢 鬚 浩 憮 介 壬 皇 僚 欝 窘 彷 背 天心 唏 嗜

庸 汎 件 落 損 亞 罷 穩 繹 魯 嬾 治 優 漸　往生要 文 毛 同 同 文

正 蕪 謙 韋

○複ーー 慮外 面白 風流 呵 笑 仙

癡臥（オホフセリ）墜（オチイル）捻指（オヨスヽ）尚 從（オフ）左 毬（オイトツル）尚 毛羽 蓋（オホフ）盃 往来（オヨリサメ）醫 病 起急（オキアホツテ）同 起譯（オキアカル オサ）同

寒熱（オコリサム）衰（オトロヘル）

○生 生ー 標梅（オツルムメ）毛 渓弁（オホタチ）白頭公（オキナクサ）蓍蔔（オシナカツラ）

荼菖（オホハコ）天 蔦 同 麰（オホムギ）穬（オホムギ）同 葫 同 麣 同 蕾（オホネ）糁（オクテ）晩稲 同 毛 澤瀉（オモダカ）灌 同 茅（オハナ）

蕙之（オホハコ）同上 同 尾花 同 大黄（オホシ）橦（オクテ）糧 同

○飲 飲ー 炊（オモユ）饌 同 御衣（オンソ）

珮帯（オモノオビ）紳 同 大日 ー

○器 器ー 官物（オホヤケノタカラモノ）御弓（オホミタラシ）年中行ー 史 蔎（オシ）帳 同 筵 同 日本書 御寝所

折弓圏（ムミオリ）器 稍（オケ）笈（オヰ）同 モカリ 笛 伏 山 簠（オケカワ）歳（オサ）天 ユタメムル 具 織 桶外（オケカワ）綱維（オホツナ）玄 繡（オヒ）蔽（トリ ホロ）

巻ハ 介 オヒヨシ 鯨 オホイヲ 爋 チラ 鬣 オホケスミ 文オホチ午 螯 又ハスセ 蟹 馬蟹 オホアリ 傍人 オトコ 葷 オホチカフタリ 嘗 茄 オモヒテノ 妻 酉

支 支ー 掴 オホエヒ 齯 オキナ 齵 オソハ 齲 齗 オクハ 茅 播 オホアラハ 播ー 中 老 オヒ 耄 同 耋 オイヤマヒ 死

老過 オヒスカフ 老耄 オヒホウク 臆 オク 曲 彩ノ オモカケ 面影 同 化 同 徴 オヒテ 巨 オホアセ 汗 牙関 オクハツミ 緊 ツメ 皐ー 醫

面浮 オモハシテ 面ー 醫 頭面 同 虚浮 同 腫 同 同 同

態 態ー 貧 オモンス 賞 オモシロシ 憐 同 韻 同 左

可憐 同上 下踈 オロ〳〵 像 オモヒミル 悰 同 或 オモヒミル 顧 オモヒミル 睥 略 劫 驕 オトロク 偽 オトロカス 又 驚 オヒタヽシ 生立 天

思 オモフ 念 同 憶 同 祝 オル 衣 織 同 織 ヲリ 延 オリヘ 殫 獄 オトル 天 御 オハクシ 頭 振 ケツル 落 オチフル 醜 贅 オホエ 怠 オホイキ 荘

(41オ)

オ

乾—　宇宙（オウソラ）　虚冥（同）文　㴠冥（オウウミ 同）　磤馭慮嶋（オノコロシマ）日本名也　澇沛（オホミヅ）　淤（オノ尽）　寢殿（オミトコロ）

霶霈（オホアメ 同）　隱田（オンデン）　時—　彼年（オトヽシ）　造（同）　一昨（オトヽイ）　瞻日（同）

應鐘（オウシヨウ）唐十　大旱（オホヒデリ）尚　氣—　大神（オホミカミ）　王（オホキミ）　大政大臣（オホキオホイマウチギミ）　祖父（オウヂ）

父母（オヤ）　親（同）　老（オホヒト）　嫋人（オモオモヒト）　侍者（オモトヒト）　侍女（同）　兒侍（同）　美人（オトメ）　少女（同）　嬢子（同）

女（ヒメ ミスラオヒ）　男（オトコ）　士（同）　思友（オモフトチ）　僧方達（オハウタチ）時衆方　御曹司（オンザウシ）　大鋸引（オホガヒキ）　邑老（オトナ）　牡（オム）又

複ーー

ヱ

乾ーー　時ーー　氣ーー　狗猧（ヱノコロ）　支ーー

態ーー　生ーー　合ーー　器ーー　餌袋

光ーー　數ーー　虚ーー　穢（ヱ）觸　複ーー　榮懷（ヱイクワイ）

會釋（ヱシヤク）　引級（ヱイヤ）　衛府官（ヱフクハン）　垣下座（ヱンカノサ）

（40オ）

數―　虛―　禦（イケス）　複―　半漢（イサム）　意趣（イ）　業（ケ）　遺恨（イコン）

痝贅（イフセキ）　非　労着（イタツキ）

ウ

乾―　時―　運天（ウンテン）　氣―　支―

態―　驟（ウクツク）　玄　浮（ウヘニ）　雲駢（ウンヘン）　生―　食―

器――　光――　數――　虛――

イ

乾ー家 庵 磊 責

時ーー 燠 日

氣ーー

稲實公 市 郭 叟 窮鬼 嫡 秦龜 鮖 文蛤 狗蝿

支ーー 異骿

態ーー 出入 納言 綸論 唯 大 去来

生ー 石鴇 辟 芋草 蕪 香薷 日 磐 梨 狄 擇 日 大梅 地莉 葵子

食ーー

器ーー

光ー 祏

藁鞋ワラチ　藁菊ワラノミサ　筆ワラフデ 仲　山葵ワサビオロシ

○光ー　黄纐纈ワウカウケツ　黄巾ワウキン 盗

○數ー　作尺八ワヒノフエ

○虚ー　度ワタル　亘ワタル　僅ワツカ　俑ワラ　斎ワキカヘル　重ワツラヰ 毛

分別ワカルワク　袞　偶ワタクシ　私　醫

○複ー　自在ワカミ　南無ワレシメタマヘ 礼 タスク 廉　喚叫ワメキサケフ

猥雜ワイザツ　乱于河ワメルカハツ 後漢書　輪水ワカス コ　沸奔ワキアガル ヒ ホントト　辨捷ワイ〻シウ コトヽト　懊圀ワツラハシク　杏條ワカラメ　惏ワヒ　懐コヽロ ヒウクハイト 文

賄賂ワイロ　快扎ワツアツト ヒロクオホイニ　無限　輪違ワチカヘ 役　和羹ワカウ 尚　年若ワカフル 古　尫弱ワウシヤク 集　決ワウト ミヽヘ 文　隩區ワウク 尚

往歳ソツワク　往来ワウライ 文　遲 文　往古　往昔　和与ワ　讒讒 サヒ チカラナシ

綸綬　度川　長乱　跬一　忘遺　纒蟠　瘵　災了　奪　禍

話頭　悲饒　拊　破開　悩嘈　婉轉　押領

生ー　鸎宿梅　腸摘　萓　銭花　萱　和布　蕨　薇　山葵

葮種　種

食ー　椀飯　醅　酛　綿纊　蕨餅　絮　歃　䅣

開褫　執水

器ー　破子　破籠　樏　椀　輪　躊　綺

緝　窠　獨　楞　圜　淹　纍　籰　屎　䋁　掘　折木　觧

（38オ）

十七

乾｜吾朝(ワガテウ) 和國(ワコク) 海神(ワタツミ) 海童(ワタツミ) 海底(同) 海原(ワタノハラ) 和哥所(ワカドコロ) 万 日 文 康

時｜燠(ワウ)熱也

氣｜皇王(ワウ 同) 若宮(ワカミヤ) 我(ワレ) 吾(同)

余(ワレ) 予(同) 言(同) 台(同) 我(同) 毛 尚 鰐(ワカミ冬) 毛 倭人(ワジン) セイ等ミ 度子(ワタシモリ) 童(ワラハベ) 侲(同) 鷲(ワシ) 鵰(同) 鸚鵡(ワウム)

鰐(ワニ)

支｜腑(ワキ) 腋(同) 胡臭(ワキノカ) 弱(ワカシ) 稚(同) 若(同) 虫(ワキカタテ) 戻脚(ワニアシ) 左ミ多文

態｜哂(ワラフ) 唍(同) 笑(同) 囅(同) 大哂 六ミ 唾(ワメク) 喚(同) 掖(ワキバサム) 挾(同) 按(同) 俠(同) 文 左

悼(ナヅム) 懺(同) 戰(同) 癢(ワスレグサ) 侘(ワビ) 仲 移(ワタシ) 徙(同) 撙 髮(同) 礼 嫣(ワカス) 嬉 湯 燰(同) 酒 沸(同) 擦(同) 煥(同) 酒 沙 水(ワタル) 大々 毛

螻蟻（ロウギ）　支ーー　顱頭（ロ）　態ーー　論談（ロンダン）許義　籠居（ロウキヨ）

邏齋（ロサイ）菜　露陽門（ロヤウアモン）舞曲　ヤ　生ーー　蘆花（ロクハ）　食ーー

緑衫（ロクサウ）衣　驢（ロ）鷺　驢腸羹（ロチヤウカン）　[衤+羅]（ロ）禪衣　用ー　器ーー　轆轤（ロクロ）　鏃 同　櫓（ロ）舟　艪 同

簏子（ロウシ）　樓子 同　籠子（ロウシ）　禄（ロク）貨　ヘ　光ーー　緑青（ロクシヤウ）

數ー　虚ーー　複ーー　露顕（ロケン）　頭顱（トウロ）　呼言（ロツケン）

ワ

虚ーー

數ー礼　五ー　十ー　吉ー　二ー　凶ー　三ー　軍　四ー　賓　五ー　賀
立社建国吉死喪凶荒師軍旅来聘賓客賓加冠婚姻賓

複ーー　霊現　光験　塲　廉直　連々

例　零落　歴然　覧　歴々

綿年詩　嶛剌　山嶃　練　磨根執　聊尒　玲瓏　令色　伶倫　列座

暑判日理　習行　文　文　参

ロ

乾ーー　楼閣　殿　露　看月　臺　露　雨　路次　頭　龍　陋巷　論　陸地

時ーー　漏　刻

氣ーー　論議者　轆轤師　鷺　驢　長耳　似馬

伶人(レイジン) 鷯(レウ)鳥名 獵師(レウシ) 黎民(レイミン) 龍驤(レウジヤウ)蛇カスミヲ馬也 驪(レイ)周穆王 連錢驄(レンセンアシゲ) 駹(レウ)大タク也 承仁左

驪(レウ)天子羊カモシシ 羚(レイ) 蛉(レン)螢火也 列卒(レツソツ)カリコ又

○支ー 瘰(レイ) 歴齒(レキシ)ハクキ 瘻(ロウ)月 瘡也又

○態ー 靈驗(レイケン) 陵轢(レウリヤク) 凌(レウ) 醲(レイ)酒 隷字(レイジ) 連架打(レンカ)

了見(レウケン)

○生ー 楝實(レンジツ)楝也又作實也但誤欤未審 荘 荔支(レイシ) 蓮華(レンケ) 凌霄(レウセウ)藤也

○食ー 餧(レウ)

○器ー 料紙(レウシ) 龍涎香(レウセンカウ)足ソリ 鈴杵(レイシヨ)

輦轂(レンコク)倫 連著(レンチヤク)ムスビアリ 菱花(レウクハ)鏡ノ名也 東 龍虎梅茶(レウコハイチヤ)

○光ー

(36オ)

生ー　蟲（ルイ　カツラ）

食ー

器ー

瑠（ル）璃（リ）　琉

榴（ルイ）茶（サ）

縲（ルイ）紲（セツ）　論

光ー

數ー

虚ー

複ーー　流（ル）

誄（ルイ）書名　論

通例浪布

類連涙

レ

乾ー

簾（レン）題（タイ）

簾（レン）スダレ

櫺（レン）

烈（レツ）風（フウ）

雷（ライ）雨（ウ）

料（レウ）所（ショ）

零（レイ）陵（レウ）岩（セン）　アリ降雨之時　又無雨之時　歟止雨之時

時ー（イセ）成

暦（レキ）黄帝作之　本紀曰容成　コヨミ作ル

氣ー

靈（レイ）神

僚（レウ）　佛

朋（レウ）列（レツ）

祖尚

士

虚ー

離婁 リロウ エリナリハ 又 陸梁 リクリヤウ 又 ヲトル 梁倚 リヤウイ 輪菌 リンキン 又 邐迤 リイ ナヽメナリ 倚閭 ヒラケ 領掌 リヤウシヤウ 陵履 流行 リウカウ

複ーー 理世 リセ 運 詐 留連 リウレン 流落 リウラク 輪廻 リンヱ 慮措 リヨソ 轉 康

立

ル

乾ー 壘 ルイ 軍壁 流轉 ルテン 三界 サンカイ 類親 ルイシン 流人 ルニン

時ーー 累年 ルイネン

氣ーー

支ーー 瘻 ル 僂 曲脊

態ー 留守 ルス 流刑 ルケイ 罪 サイ

利發(リハツ)　口錢　利根　平

○生ー　林檎(リンコ)　龍膽(リウタン)　藜蘆(リロ)　シモト　栗棘蓬(リツキヨクホウ)　イガ也

○食ー　龍腦(リウナウ)　天竺福布　羅樹ノ脂也　裲襠(リヤウタウ)　ウチカケ　麟脂(リンシ)　酉名也　東

○器ー　菱花臺(リンクハノタイ)　輪イ

綸旨(リンシ)　言旨　輪(リン)　背(ホイ)　龍鬚(リウシユ)　筵　名　[金林](リン)　輪鼓(リウコ)　同　輪子　流鏑(リウテキ)　カラクタミノヤリ々　流蘇(リウソ)　糧係(リヤウキウ)　如乗

栗尾(リツヒ)　筆名也　東　鈴(リン)

○光ー　緑林(リヨクリン)　盗人　名

○數ー　六書(リクシヨ)　一象形日月之字也二會意步武人言信也三形声江河字也四指事上下字也五假借無定字令長也六轉注左轉考右老也　六義(リクキ)　風賦比興雅頌　毛　六樂(ガク)　黄帝雲門帝嚳咸池舜大韶禹大夏殷湯大濩周武大武　六藝(リクゲイ)　一樂ニ書　射御

旅(リヨ)　五百人曰ー　隣(リン)　五家曰ー　里(リ)　五隣曰ー　兩(リヤウ)　耳也　兩權(リヤウクン)　兩車(リヤウシヤ)　数　緉(リヤウ)　履　量(ハカリ)　合斗　斛

リ

乾ー　離宮　柳營指将軍家漢ー宮中論　梁棟　儷單　閣家ナトノ　廩　雨斑　寮寺庵

流水　風京　寮　霖雨　時ー　林鐘　良夜秋夜　林間　臨時　二唐六　東　終

氣ー　良臣　吏　律宗　切　李太白　侶伴等　倫ー　力者　十人　侍人

旅鴈　鸝鸝ー　黄影　六韜日非　竜非ー　犂老尚　驪千里　盗馬走也　栗鼠　李夫人漢武夫人

支ー　肋

態ー　理ーコトハリ　利益非得　流道　離別　呂律

○器｜ 蘭(ラン)香(カウ)侍(タイ)礼(ライ) 紙こ 擂盤(ライハン) 螺鈿(ラテン) 賚貝(ライ) 琅玕(ラウカン) 石似玉 蠟燭(ラツソク) 具法行

雷盆(ライホン) スリコハチ 耒耜(ライシ) 盂 榴子 月 ○光｜ 蠟(ラウ) 名 落星(ラクセイ) 燈名也 女星自天降 東燭仍名灯也 東

○數｜ 老(ラウ) 七十而老 傳家事 任子 臘次(ラツ) 礼 ○虚｜｜ 亮(ラウタミ) ○複｜｜

蘭省(ランシヤウ) 樂(ラク)こと 昂 朗詠(ラウエイ) 然老(ラウ) 若後 屈騰 落(ラク) 居憶 著子暮 落髪 也 戸乱(ラン) 世間障 逆訴姑

被讀(ラトク) 文 磊落(ライラク) アソハサ 雷同(ライトウ) ナリハタメク 石鼓 勞効(ラウカウ) 狼藉(ラウセキ) 浮浪(ラウ) 濫觴(ランシヤウ) 始 也 ナリハタメク 文

伐工 始出於岷 入於楚国 滄浪方頂 舟船見 乱(ラン) 舞會 羅察(ラサツ) 七明鑑 義

傳文秋文｜家語 山谷詩 岷江始入楚即無底 乱 所 東

乾｜
蘭林（ランリン）　房（ハウ）　畾地（ライチ）所也　洛陽中（ラクヤウチウ）外也　廊下（ラウカ）　欄干（ランカン）　欄楯（ランジユン）　埌埒（ラウラツ）冢也　乱杭（ランクイ）

蘭臺（ランタイ）　卵塔（ランタフ）禅院葬所 昔悪僧好食雞卵生僧死跡立塔

時｜
臘月（ラフケツ）十二月　支那忌（シナキ）

氣｜
羅漢（ラカン）

蘿窓（ラソウ）昼師　帶人（ラウニン）　老翁（ラウヲウ）父　母　卵絶（ランゼツ）　憧（ドウ）　鸞鳳（ランホウ）似雉見則天下安　卵（ラン）カイコ　凡物　元氣　日　到　狼（ラウ）オホカミ

雷（ライ）イカツチ　獺（ラツ）　虎（コ）　螺（ラ）｜　蜂　老海鼠（ラウカイソ）ホヤ

支｜
裸（ラ）　形（ギヤウ）　騈（テイ）　落娌（ラクイン）　腹（ハラ）　膵（ラ）

態｜
樂（ラク）タノシム　礼拜（ライハイ）　老（ラウ）屈　雷同（ライトウ）非声 人心是　乱逹（ランタツ）イタツガハシ　帶（ライ）　痍（ラク）　癪　馬　牢籠（ラウロウ）

生｜
蠟梅（ラフバイ）　蘭（ラン）

食｜
香（カウ）　茶（チヤ）　蠟（ラフ）　酪（ラク）サカアフラ　數羅倚（フノラ）又ウスモノ

宜 ヨロシ　浧 ヨドム　歔 ヨロリ　從 ヨロヤカ　作 ヨロリク　遊 戯 ヨドム　風 ヨリクル

普通 ヨノツネ　尋常 同　不義 ヨノツネニソムク　不祥 ヨカラス　依 ヨル　是之 此 ヨリ　從 此 是 ヨテ　由是 ヨテ　窈窕 ヨウテウ ナヨヤカ　因茲 ヨテ 二 文　孟 ヨシカナリ毛

不行 ヨトム 水　夜 ヨ　攻 ヨ　討 ウチ　這 ハイタヽ　騷響 タヽ　終 ヨリトコロ　帰 ヨリ　頼 ヨリノク　離 ヨリ　用 ヨウ　意 助　期 ヨリアヒ　心分　寄合 ヨリアヒ　與 ヨ　奪 列　力 糸

儻 タマサカ　杳 ヨウテウ　窕 フカフメ 文　貸 ヨノワタラ　居 井　金 ヨクハカラフ　策 ト　妖怪 ヨウクハイ　容 ヨウ　輿 ヨヨト　求 ヨリ　守 ツク　倦 ヨクヨ　怠 ヌルシ　綴 ホヒイニセ 文　甲冑 トヨロフカツチウ

餘 ヨ　彼 殘 氏 所 日　情 薫 分 慶　社稷神 ヨノナカシロシメヌ　徽柔懿恭 ヨキンヤハラナヨキツツシム 尚 兼　人間 ヨノナカ　逝去 ヨミサル 遊

ヨ

嚬夜叟(ヨハリ)　翼(ヨク)多ツ并　幼稚(ヨウチ)　怯弱(ヨワヒカニ)酉　○態ーー　喜悦(ヨロコブ)　恚(同)　蘇(ヨミカヘル)毛　逶迤(ヨヲ)

徙植(同上　ヨセタル)日論　○生ーー　自芷(ヨロコヒ草)　燕(ヨシ)　蓬(ヨモギ)　莱(同)　艾(同)　○食ーー　饔(ヨウ)　飧(ソン)

朝夕之食每為事而用饌食　延懸(ヨクレカケ)　縷綸(ヨリイト　同)　紕(同)　綫(同)　○器ーー　用途(ヨウト)　脚ーー　甲(ヨロヒ)　曺　介(ヨロヒキル)左

縲絨軏(ヨホロヒカケヨリキ)　轆(ヨコカミ　同)　軸(同)左　○光ーー　雪路(ヨミヂ)　騈(同)　騙(同)　○數ーー

幼學(ヨウカク)　人生十年曰ーー時可學　四合(ヨテ)文　四搓(ヨツノクヽリ)　四目結(ヨツメユイ)役　○虚ーー　荘観(ヨソホイ　同)寄

天　韻(ヨヤス)　餘所(ヨソ)　斂(ヨソメ)　過(ヨキル)　更闌(ヨタケヌ　同)　這(ヨハウ)　横(ヨコ)　衡(ヨコオサ)　凸(ヨコタル)　邪(ヨコシマ)　匿(同)　依(ヨル)　仍(同)　自(同)　ヨコタハル

(32オ)

ヨ

○乾ー 四方 四表同 四極山 八方 淀 隔東西 要害 雍州山城 柳

東 細布 横雲同 薫泉 黄泉 蒼泉同 日

○時ー 到曉 達夜同 終夜同 左

夜 歸 宵 晩 宿 論 世 代同

○氣ー 夜中星 流星 與鬼

取女 幼稚 寄人 看時 丁寄 雌 婁 勇士 俗主 用田 怪鴟

曜靈日名也 東

○支ー 容 顔 儀 白 妍 脛 膕同 癰 幹 涎 津同 嵩

會釋(エシヤク) 笔(エフウ)毛 筆(エカイチ) 彫(エル)論 利(同) 解門(エリイルヽ) 鎧(エリヌイ) 會(メシツ) 奄(コシム) 廁(ツキメツ) 文叡(エイ) 感(カン)

生ーー 枝(エダ) 條(同) 園豆(エントウ) 豌豆(同)

食ーー 塩梅(エンバイ)尚 衣(エ) 服(フク)文

器ーー 帛(エキ) 日月 小字 鐏(エ) 獲(エモノ) 奕棋(エキヽ) 枚(エダ) 蔓(エ) 柯 柄(コ) 扒(エブリ)

光ーー

數ーー 錽(エン) 六両 日ー

虚ーー 殊勝(エナラス) 敢(エハ) 敢不去(エサラス) 獨(エ) 吉(同) 能(同) 月

複ーー 英耀(エイヨウ) 偃蹇(エンケン) 偃息(エンソク) 厭却(エンキヤク) 演説(エンゼツ) 暢 閻浮提(エンブダイ) タカフリメ文ノケニヤスム

閻魔(エンマ) 廳(ノチヤウ) 依怙(エコ) 淵源(エンゲン)

下七一

吾寵遊興優劣能致善提　文

ヱ

乾｜｜　離薑　圀　挺　椽　緣　棧　延　棰　江夷　千嶋　胡

時｜｜

氣｜｜　緣者　緣類　衛士　媛女　咲冠者　殪

鰔　悅哉　雀鰔　鷁　鶚　鴛　鷗　鱏魚　鱝魚　鰕　蝦　鷖

支｜｜　翳　液｜　胞衣

態｜｜　差時　擇日

○數〻 暮三 向六 伏夜 百合 射 五善一和志躬和二和容 容儀三主皮中質四和頌 合雅頌五興儛与是同

○虚〻 怨 優 緩 怓 懶 故 所 以往 向後 来 耆 尚

鈇鑕 捶 努力 斜 僕 追 苦 邪 動 揺 犀 恒月 溶露 毛 日

湯 滄 耿 稀 豐 泰 羑 讅 論 孟

○複〻 由来 有力 讓 畔 緒 史

揖讓 論 勇 健 搜索 以往 往過 憂喜 文 偷 披 誘 了 親 緣 惠

遊山 猶 悠 幽玄 旨 融通 遁 猶豫 共猷也多疑而未進良人事是之候由之敷 用之下

揖 蹮 僊 躚 旋 刺 施 関

〇生ー 樗 樹 杜

榲柚 橙子 杉花 匏 蘱

〇食ー 茹栗 湯 内衣

明衣 木綿

〇器ー 弓 弧 蕭 簫 弭 栝 弣 弛

靫 豊 橐 弢 韔 韣 縚 鞠 囪 鞦韆 胥 檠 扶

弽 鞄 韘 鞢 指懸 鞁 韝 韝 韔 勒 鐶 油緩 油滴

流黄 流磺 湯桶 庠

〇光ー 太白 月 太白星 油煙

乾ー邑 郵 壯 床 帰屋 雪 胖 夕立 陰 舟水

時ー暮 三句 一夜 夕附夜 吏 夕榮 夕光 夕範 夕去

朧朧 薄暮 夕昏　氣ー夕陽 斜陽 弦月

恒月 長庚 猶子 由緒 命婦　支ー嗚 指 桜 膓

弓手　態ー肆 赦 舍 遅 優 心 行之 幸 手

譲 茹 火 煮 菜 爛 膝 汰 揺 女 徽 縛 約 洛 近 逃 倡

廿八

態ー　坐作ヰスマヒ　威勢ヰキヲヒ同　氣調ヰキサシ　𩗗ヰキハヒ同　唿同　呴同　齋ヰツキ　傳カシツク　坐居ヰル同　齋ヰコモル　責ヰサナフ

居鷹ヰタカ心　鑄鷹同　西门弋鳥　是何屋上　者也亦莫　維那ヰノ

生ー　鴨ヰチヤウ　丁蘭ヰ同　猿

養ヰノコシサ

食ー　亥子ヰノコ　雜五行書十月亥日令餅食ん　令人無病一説亥子多子生婦人差後之十月亥日畝餅祝之　純白ヰノアフラ

器ー　鎔ヰカタ　位牌ヰハイ

光ー　威光ヰクハウ　赤蟻ヰヒアリ

數ー

虛ー　艘舟ヰル　將拳ヰテ　光源氏

複ー　威德ヰ　威勢　樹鬱邑ヰキトヲル　ウツユウ　彝倫ヰリン　圍碁ヰコ　尚

ユ

燒杉　㩳子物　大学跡　呃喔　焚炙　忠良　剢剔　孕婦

井

乾—　院　位　左右　中庭　永　扨首　井　伯益　作之　幹　井　塞　堰　夷中

田舎　蛙水

時—　夷則　亥　戌—太宅　在—日大　唐七

氣—　醫師

田舎人　夷人　尉　鵜　鳥　不合　鵓　豚　子　永　蝸蜒　守宮　鰔　鼈

支—　疣目　胃　府　鈌　脣　兎缺　眈目　膝行　息　喘　疾

(28オ)

斬砲繒轃鉻軔輞鍏彿鑪幰益軸瓔珞

光—灼灸

數—八神　八咫鏡頭　八咫烏　八洲

八尋　八十梟　八千氏

虚—和順　弱　漸　幾　嶽　稍

恨厄窶姑弊貧壖軅俄備敗破堕崩潰

複—和韮　光同其塵　役夫　柔柔　遠乳　天地嶽　悟漸々

乗慨　怏墨　則寸歩　山跋落　杌隉　坦塢　舞

一ヤ・罷止停休宿次舎茇攸把破敗和睦休息歇優夷傷

注敎

○生－楊柳毬橙山櫻桃楊梅脂木寄生

壊木款冬蔄椰子杉拺數商陸杵

○食－羊羹燔餗鋉糯米

○器－楊弓箭矢金

鑊矢束筈鳴箭鳴鏑栝胡籙棚鑓鎗鍔刃

滓刀鏶鏃鉞熬熬薬鑵薬研野干籠羊蹄胄

(27オ)

玄孫ヤシハコ　珍重人ヤサシキヒト　ー人　俊者ヤノシヤ　山臥ヤマフシ　ー伏　孀ヤモメ　同　聚　鰥同　毛　尚　寡同　毛　婦尚　左兒ヤマガツ　陽烏ヤタガラス　名　日

病鶴ヤモメガラス　鶏ヤマドリ　鶍同　且鵯同　山鶏同　山禽ヤマナラ　山陵鳥同　鴟ヤマガラ　野豻ヤマイヌ　蜂ヤマカチ　雀ヤマガラ

野蟻ヤキ　似蝶　色白　鳩ヤマバト　山兒ヤマカツ　庸人ヤブクスシ　醫　庸醫同　同

衆所ヤカト　屋像ヤカタ　尾　矢形尾同　町像同　尾肉　鷹　削ヤセカレ　酉

支ー　憔悴ヤセ　同

態ー　艶ヤサシ　優同　文同　流鏑馬ヤブサメ　倩ヤトフ　雇同　用　賃　傭同　天　殯ヤトハル　擯同　雛同　鬼　遯同　日

ヤスニワヤク　半夭　焼ー　奴燒　同　病疾同　俊宇ヤク　養育ヤシナフ　同　同　各恪ヤサガタ　懦ヤツス　身　隠身同　身　衣　裝ヤツレ　衰同　左喩

文失義後 義先 文後 文後文辞 倦怠 懣 悶乱 同 狂眩 同

ヤ

乾坤 社 祠 同 宇 蓋 車 舟 屋形 屋 阿 宿 廳 露 舍 廠

旅 櫓 文 山陰 谷 迫 梁 魚 毛 山壊 日本國 扶桑国 同

屋祢 神名 廬 浮灌 時候 陽 陰 夜陰 俞 陰 弥生 同

雨納 同 氣形 山神 神名 養父母子 臣 日 賤臣 同 僕 僮 奴 同

光ー 紋 青黄 參差 烓燼 純素 燃燎

數ー

十五夜 三五月 一時 撰 三天

虛ー 本 元 舊 若 僮

專 以 用 由 物 埦 屐 遍 支 直 中

複ー 賞翫

持成 面成 操合 蒙蘢 蒙茸 姓 望 操 跳 行 賞 導

食毋 器物 物怪 元直 中央 最中 蚊虵 陵轢 默然 久遠

用ゃ満ズ 若 左

同 小 扪 撰 師友 善夫 勿論 帳 住 庸 庸 祇 祇 左

オン 文 賤

𧰼盛守（モノモル）同　家

○生ーー　葥（モミチ）仲　紅葉　同　青葉　同　樅椰（モミノキ）同　木犀（モクサイ）桂之

醫　㮄（モチツヽシ）槲　同　梼　同　梜（モチノキ）糯（モチ）藻（モシホクサ）塩草　藻（モツク）推　海雲　同　水雲　同　熟艾（モクサ）

蔓菁（ヤイタイ）同上　文　本（モト）木瓜（モケ）葱葉（モクサ）蘖（モヤシ）蒴（モヨウ）玄　艾草（モクサ）蚲麻葉（モロシコニノハ）

○食ーー　餅（モチヰ）醪（モロミ）木綿（モメン）梅花（モイメ）同　木花　展　裳（モ）裙（モスソ）籾（モミ）

○器ーー　紋（モン）家　木瓜（モカウ）紋　物相（モツサウ）飯　莚　筵（モトシロ）同　殻（モチヤリ）旋（モトシロ）或　責　剪刀（モノタチヤタベ）

おケ　破せ

艫　天　齋（モノイミ）樽　同　鉄（モチ）鈍　同　論　鎌（モトメ）同　桃孤（モヽノヤ）棘矢（シトロヤ）文　檀（モツコ）論　土龍　文書（モンシヨ）

嫡（モトノメ）　牧溪（モツケイ）畫師　鵠（モニ）　鶚（同）　癡熱（モヽホウツ）　無知（モキ）　垂蠕（モヽホトキ）和名

鮑（モカサ）　瘡　股（モヽ）毛　蟺（モヌケ）　蛻（同）　赤遊（モヘタサ）　腫

〇態ーー　齋官（モノイミ）氣左　學（モノナラヒ）　襟（モノオモヒ）　媒（モノホタ）　語（モノカタリ）

〇支ーー　鬢（モトヾリ）

諾（同ヒ）　示（同）　語（同）　怨（モノアラソヒ）　忘者（モノワスレスルモノ）負　價（モノカフ）　嬾（モノウシ）　慵（同）　燖（モノエミ）　翫（モテアソフ）　弄（同）　拤（同）　持（モツ）　拔（モク）　貴（モテナス）

賞（同）　拚（モチアクル）折　擡（モタクル）　擧（同）　去（モテユク）裏　覺（モタヌル）先　負送食　千祿（モトムロクシ）　求（モトム）　覓（同）　流（同）倫　囉（モラ）毛　餬（同）左

攘（モロトモ）　狂（モノクルヒ）天　軫（モトヽル）　還（同）　悶（モダエ）天　噎（同）　鞠（同）　擬（モドカス）　毛見（同）　咈（同）尚　戾（同）　悒　用（モチユ）　施（同）　白（同）莊尚　以（同）

疊（モヌル）イヘ　熱（モトノ）　血（同）　讓（同）　轢（モニル）　按（モム）聚　挼（同）同　殯（モカリ）　緞　文字（モンジ）　揉（モム）　鬼氣（モノヽケ）醫ー那同　食已（モノクヒハテヽ）醫

「メツラ」誐長（メツヤウ）目別（メカルヽ）目具（メタ）銅（メノミミ）交 拖木（毛）周旋（メグリ）（メクル）

○複ー｜可愛（メニタシ）

目出度（同上）明恵（メイケイ）明鏡（同）滅盡（メツジン）亡（バウ）迷悟（メイゴ）負 感 喜見（メツラシ）奇絶（同）

罵詈（メリ）目不搭（メカシヌ）古 目別（同）眩轉（メクルメク）（ケンテンヒト）文 目語拜揆 面皮（メンピ）同

モ

○乾ー｜身屋（モヤ）門（モン）門樋（モンヒ）門限（モンゲン）寂可（モカリ）理 邑（同）茂（同）鴈還橋（モトリハシ）

○時ー｜望目（モチツキ）

○氣ー｜門（モン）主徒瓜 人流跡 衆（モロ〳〵）師（同）

○支｜｜目　瞑　盲　瞽　眩　眄　眼　暈

○態｜｜恵　御

名譽　名望　酩酊　憐愛　廼　覗　鏡　寶　眩　盻　視　眴

瞑　聚　刈　回　廻　妻　室　直視　面授　妙華　美

○生｜｜蓍　筮　蓂　和布　蘿　蔚　荒蔚

○食｜｜飯

米　和布　若　新　日｜

○器｜｜碼碯　羈　面　籠

失｜｜滅金　沃金

○數｜｜

○虚｜｜美　正　珍　喜

旁魄(ムラカレ)(ハシハクト文) 矛楯(ムシユン)(下) 無實(ムシツ) 心驚(ムネハシル)(驚) 復讎(ムタムアタ)(孟)

メ

乾ー 溟海(メイカイ) 牝髠(メカハラ) 塼(同) 眠床(メンサウ)(寢所) 眠蔵(メンサウ)(同)

時ー 暝(メイ)(晦ー)

氣ー 名人(メイジン) 瞽子(メシイノコ)(父頑母嚚日舜尚) 夫婦(メウト) 妻婦(メヲト)(同) 女姪(メイ)(メ)

乳母(メノト) 碣兔(メノワラワ) 僧(メシノソウ) 長老之下役者多く年ー 免除而随時有物役 犛ー(メウシ)(牛) 犖ー(同)(牛) 孀(メノト)(牛女) 嫆(メスヒ) 麑(メナ)

牂(メヒツシ) 羚(同) 羺(同) 䴊(メアカモ) 鶺(メイスキ) 鷯(メスキ) 麀(メ) 麌(カ) 螟蛉(メイレイ) 有子 虬(メシウ)(龍 無角也)

(23オ)

木蘭地　䋼　緂　麴　麩

行縢　胵　踌　骹　鞴　鞅　鞦（左）　馬枙　艚　槽　鞭　朶

器ー　席　莚　茵

光ー　紫　村濃（衣 文）

數ー　無量盡（邉）　百足

虛ー　宜理　向所　（角 古）向　迎　庬　撓　財（顣也）　寧　结　每（文）

複ー　物語　𥈞言　眴　動　擾　御親（法）

反（左）　臁（盂）

無慙　無面目　無心法理窮（念盡邉道心）　結　𦄒　合　𢌞　朋　悦　謀反

冒貪剖繕毟　膵　睛擇無頭法禅　鷙　瘶

眷嗞熟音御兄噎蚕眩言報扶養向趨繋

性忪　心忪躁従拴心無慮

生梅和株

椋栈樺花樟村欄榁欒五茄底古木檣

麦稍麺糲簾菀蕷蔓子馬齒草

食

烏梅梅漬蒸麺麺麹麩糠無試茶喋

塒 ムロ　室 ムロ　村雨 ムラサメ　白雨 同

○時ー　親月 ムツキ　睦月 同　正月 同　陬首骨 同

日午 同上 ムネ　旦白　敗群 左　舊 ムカシ　遊 旧来 ムカシヨリコノカタ　菓

○氣ーー　産神 ムスブノカミ　聟 ムコ

私 同上 ムスメ　娘 ムスメ　女 同　嫡 ムカヒメ　武者 ムシャ　轡 ムツカリ　騎 ムノリ　囲人 ムシャ　衝 ムカイ　鱸 ムラトリ　罷　馬 ムカタイス　擽　狀 同

猯 同上 聚似狐　貉 ムジナ　狀 ムササビ　鼯 ムササビ　蟲 ムシ　蟲　鯥 ムツ　蜈蚣 ムカデ　螈 ムカナ

○支ーー

身 ムクロ　躰 同　膺 ムネ 左　心胸 同　咽 ムセフ　喉 左　痊 ムセフ　匪 ムナシ　股 ムカムモト　心頭 ムナサキ　胸 ムナモト　胸膈 同　氣分 ムナブクル　脇 ムクロ

思 ムクレケ 々 左

○態ーー　睦 ムツマシ　昵 同　滋 ムツマシ　馴 ムツル　群 ムラガル　朋 同　債 ムクヒ　蟲　怨 ムクユ

御生所　御器物　聡明　耳言　見繕　法用　名詮自性

命婦　領結　幽　御道行　觸　蹉路　道芝　長聲　違合

向上　直下　見儞　見軍　小矢　晏子春秋云臨難鑄兵臨渇堀井盤之　未来　下可　奮迅

遊衛　詩詞　風聲　冥　顯感加　助　慮罰　未見今現　轉人　芸爲夫婦　見レテ互ニ堅

乾坤　棟　葉　華　蒲　梢　無殿　驛路　村　風　暑雨　蹊　各ノ二百六十匹馬

（21オ）

渇〃 復〃　〇器ー　衣木 神佛 義軌　御簾　御着　緩鞁

璫耳 欖 鑷 實 刀 乖 酥 砲 身 同 楊雄　〇光ーー

緑 翠 蒼 碧 赤子　〇數ー　三寸 百姓 六月 秡 三積

三日月 三段 道一條 二條 七寸 三役 針 三鱗形 紋 凰 股上

〇虚ー　満 充 盈 都 艷 閑 雅 皆 具 漲 乱 妄 浪 荒 梵

闘 猛 入門 歓 操 密 所 葺 短　〇複ーー　御阿礼

貢 ○態ー 勅 敎 詔 聡 耵 聴 聾 耳 皐 毅 見

觀察 際 覘 覲 覽 視 醜 負 貢 誘 導 飲 刷 覓

濾水 宦 宦 傳 潔身 滌 秡除 閑 髪 猾 夏 濺

準縄 自然 名字 盤 ○生ー 榲 柑 海松 葦 芡

茨芰 蘘荷 荷 前胡 秋登 水草 ○食ー

神膳 味曽 未醬 蓑 蜜 蜂ー 衣 御衣 御上衣 御服

渠ミソ溝同洫同衕ミソハタ塹ミソツキ 左 堨ミツヤキ雝ミニヒ 日 岬ミサカ 同 巔ミタケ負観殿ミクシケトノ

○時ーノ 極熱ミナツキ盛熱同無水月同且同晦ミツキ若月ミカツキ未知始羅 天九 壬ミツノヘ 癸 大己在ー日戊

癸ミツノト 壬ー 太歳在昭陽 巳ミ 辰 太歳在ー日大荒落　○氣ーノ 御息所ミヤストコロ妃同御子ミコ亟同朝ミカト御門同

劭ミヤヒト孤ミナシコ 文 嬰兒ミトリコ善兒同 兆ー 民ミン冥官ミヤウクワン藐ミナミコ毛 張子尊西銘 [illegible]ミツトリ鵰同雎同鶚ミサコ蒼鷺ミトサキ

魅ミ 魑ー ミツチー 蛟竜ミミス 蚓同 蚯 鶚ミツナ ミサコ 鵃ミヤウキチ 鮚 神子ミコ　○支ーー 眼ミメ 旱

不身ミキ ミ 躬同 方身ミサナリ 脈ミヤク 血ーー字 名ミヤウ 耳ミミ 聹ミミタリ 耳 耳垂同 鑾 耳聹ミミクソ 毛髮ミノケクチ 鬚る

一丈語(ミツコ)　委命(ミカスメイニ)　迷向(ミツカフ)曹　真向同　昏乱(ミクルル)醫　枕流(ミミクフスナカレニ)楚子荊語王羲之文　寂中(ミナカ)

ミ

乾　離(ミナミ)三　南同　陽同毛　神田(ミトシロ)日　都(ミヤコ)　城同　夏同　華同　迦同　洛同　洛陽同　長安同

九重同上　道(ミチ)　始同　母同老同尚　迪同　路同　行露(ミチノツユ)毛　飄(ミナミカセ)　颽同　瑞穂(ミツホノ)　之国(クニ)　湖水(ミツウミ)　満水(ミツモセ)

淵(水ノカクリ)　漲(ミツアヒ)文ハシ　潴(ミツタマリ)　徑(ミチ)　源流(ミナカミ)　水上同　派(ミナマタ)文　衝石(ミツツイシ)万　水追同　澪標同　水深(ミナソコ)

湊(ミナト)　城(ミキハ)聚　汀同　霙(ミゾレ)　霰同文　霙同　霙同　霙同　霙同　嶺(ミネ)　峯同　岑同　嶽(ミタケ)

展亮　實　多正　雅　而作　隨　美人　直前　圍遶　間大　詞　彌

集　雜　錯　惶　目下　捲　戀　盒　稀　希　鬱　加正　直　真成

晉　面　區　盈　有　又　復　塊　間　複　君子　毆色　皺眉

品定　弃　選　真　先　懸　眼皮　瞤　真　眼　間　茂　間　荒　昇進

参昇　参進　塁上　盰衡　穹隆　松皮　髮　夫婦　参雲

若右　卒死　客件　錯落　紛　速　自辛　汾苑　塗地　接武

曼殊沙華　曼陀羅華　莫辟葛　柾　大豆　蔽　蘡薁　蒸

眞薦　○食｜｜　饅頭　糫餅　勾　○器｜｜　銅鏡

喚犬追馬鏡　幕　毬子　鞠　枕草　機躡　碪俎　切靶　鉏鈎

莫目　蕖　鈇鉞　抹香　的　守　○光｜｜　白銅鑑　白銅鏡

黛斑　犂　牛　纖縟　○數｜｜　満足　萬　万品　一區　毎

抱　一枚　莫回　増益　齊　陪　三更　○虚｜｜　心神　眞誠　允

(18オ)

諳任 意 委 命 信 手 漑 水 正 肝 衡 目 挑 瞬 目 了 眴 羞

瞿 守 護 戍 衛 絡 縈 纏 嬰 睟 眩 負 真 似 迷 惑

闌 參 搏 飯 轉 蹤 宛 曲 倚 婉 拝 縁 就 退 罷

感 婐 嫁 任 輸 娵 姅 招 宴 賄 賂 貨 嗜 蹉 交 相

辭 禁 實 盈 秣 乱 遠 昏 厭 媚 澇 諂

生 松 楯 槙 柀 杈 樞 椏 株 檀 真 坂 樹 天 木 葵 葷

孫客秀才寛價大夫益雄達男男伎女舞姫舞人

猛勢賣僧亡者亡魂蒔繪師魔ー障烏鵲乾鵲私茷

鵊豆音犁牛猿鱒馬蛤蜂ー螻真孫

支ー丨末額顙中眉頰顱隅目眼眸ー眥瞼腫翳目

高眶膀胯玉茎屎閇根末裸陰脉閇鴈目瞼續父

眼脹

態ー丨祠祭禘祫嘗祀社亭路荒參

菩提木石謌部

マ

乾ー　窻　窓　牖　櫳　向　間　籬　紅沫　水　砂　真沙　塗　牧

的　埒　欄　壃　鞠　庭　店家　町　市　壁帯　雨下　厩　真屋　壁具

時ー　晦　昧爽　摩袪月　冥明　尚　天十一

氣ー　儲君　或后　負

匠寺　長季　容夫　継父　継母　後母　後子　薩子　三従兄弟

陥躍　迸踊　潤水　連亡　喪紙　呼粗　麁鹿　惑炎　火盛蜒　南切切

煩囂　嫺　○複ーート　並　亶宗　承　發　機心　碩　主所　訴
起動　端　本　懐居　碩

望鮮覆末地　心意朝人
俸禄　未明　若明　髣髴　冥涬　髣髴　浮出

歸見　衝黒　晃朗　閑敵　冒色　暴虐　法　令験　理門　楽
音久　燈事

凡　鄙人　夫　造次　撥非　外凋　内逼　遁　頌音　褒貶　細開　華幽　式　錄

失意　恍惚　恍く　諂語　連逃　民　ノヘ　暴乱　豊暮　熟　齢

北絢 法論 味曾 緬䋞 帽子 縫縅 ○器ーー

戈 尚 矛 鉾 弩 弓 拂子 中心 帆 舟 擢 檣 橋 文

長稍 稍 本 峯 鋒 木履 反故 外居 盆 器 謀書 缶

鈍榾 茉無 葉也 桝 ○光ーー 夏火 星 焰 焠 載星 落星

搬 ○數ーー 旄 日ー昏 百尺 文 礼六也 ○虛ーー 裸 外治 危也 文

聞 異 傲 側 凡 之 髣 髴 淵 臺 青 顯 亂 雨 怨 天 天 天ーー也

○態——　穆々　封爵　奉公　摸　施　返　奄　忙々　帆　書

惛　瞞　熕　火　聶　譽　褒　鋌　文　伐　善　論　馬　縶　同　左　羈　招　蓋

法定　反詰　欲　蹤　潦倒　鳴　方　稟　醫　頭　頬　同　捧　加　縦横　仙　左

解　牽

○生——　寄生　菓　檄　穗　毛　穗　瓜　蔕　久

洛神珠　鬼頭花　同　蔵　草　木　鳳仙　花　海棠花　東

○食——

糒　餱　同　倍臺　乾柿　干薯　雉脯　腊　同　脯　布衣　繡

鋒立林　祠　蓬莱　方丈　瀛州々　三壺　○時ー　日月

執脯時　申時　暨　報沙月　天十　○氣ー　星辰　毛　宿　北極　ー辰　北斗

孛星　ゞ　梵王　天　佛　菩薩　凡聖　ー夫　ー〻尚　僕ー従　本人　主　玄番頭　法華宗

甫之　畫ー　蜀峯　圄〻　僧　杜鵑　子規　鵑　郭公　蜀魄　公鳥

時鳥　鵬　鶬　鳳凰　熠燿　大ヤク毛　螢　鰒　北堂　東　母ゞ　保夜

○支ーー　臍　骨　胴　脆　小腸　蓬頭　文　保裛　封末　裸枯　要　暨　摸母

諂　婘外　表恠事　表裏　白　潑湯　嫳屑　擧得　漂蕩

平均　懐臥　僻事　辟易　枉法　炳焉　幖幟　敝睥　別

儀事　碌畐

ホ

乾坤　鳳闕　北闕　寶倉　寶舎　廊帳　径　堀隍　壁　王宮　同　同　同

天　塹　保内　方外　表外　溢埃　焙爐　葬所　閇　西　丁　同　同

（14オ）

○生ーー　瓢簞ヘウタン　瓢ヘウ　瓢　葡ヘソカツラ　○食ーー　鼈羮ヘツカン

褊衫ヘンサン　綜ヘ　系　縁ヘリ　巻子ヘツ　円　丸　幣帛ヘイハク　○器ーー　冕ヘン　カンフリ　文　説　弁　円　鑣ヘウ

鉼ヘウ　表背ヘウホイ　衣　表倍　円　紙　表牌　円　布衣　円　瓶子ヘイシ　幣盞ヘツサン　舳ヘ　舟　鷩ヘツ　鷹

[illegible]ヘニキ　織　具　扁ヘン　書　庄ヘツ　鍋釜　壁　表木ヘウモク　護　广　足組ヘシ　鷹　○光ーー　碧ヘキ　王

赤黠ヘニ　緂煤ヘニヘスヒ　壁　○數ーー　片ヘン　半　ヤ　百部根ヘクソカツラ　○虚ーー　経ヘイ　年

ヘイチル　[illegible]　○複ーー　陛下ヘイカ　文　平生ヘイセイ　文　變ヘン　蘇　改カイ　化ケ　偏頗ヘンハ　僑飾ケウヒヨウ　偏執ヘンシウ　念　調

[illegible]　丿　壁

僻山 路 邊海 畔 日 別業 日 崖也 弊坊 弊邑 左 屏 平祇 地名也 東

時ー丨 平旦 天ニ 吹舎法

氣ー丨 邊鄙 文 陛戟 ホコモタル 文 僄狡 トキモノ 文

卞和 陸玉 豹 彪 鼈 魚ー 三足 六眸亀 虵 蝙蝠 蜚 扁鵲

支ー丨 陰抗 勢 殍 餓死 躄 女 戸ニ 文 瘭疽 疲 瘤 丹田 陰核

態ー丨 反閇 天時子出時 陰陽家行之 又禹歩ト云 聘 以礼物 賜于人 左 僻 餝過 論 差ニ云 折 所 国 日 耗

剥 歐 嘔 下 遅 歷 整 謙 手 拙 認 諛 諂 屁 衒 名 戸 糸

諷経　諷誦　太合之文　章学内　質才　無為　骨道力　無事数寄　風雅　俗儀流　情閑便　筆海

分明　分剤　別限　褌襁　織文　戈為武　文　赴告　蹉跎　攝政　豊饒　左サ　タトヘ文　羆

福徳　俛仰　俯仰　文　同　撫育　富貴　令肥　噴嚏　馨ハナヒル　又尾　馨

不意　忿怒　又　怒　不祥　ナラスサイハイ　必墮地獄

ヘ

卑ーー　平地　竈神　廟　庿　同　僻　屋　戸屋　同　亭子　同　部屋　同

跗萼 札 牒 策 大事 雜器 伏輪 管子 觚 文机 案

篷艦 ○光ー 棲 燻 熢 鬱 氳 駮 ○虚ー

○數ー 二 神 幅 百千 繪 分 毎 両 貳 分 際

舊古 蓬 壞 澗 水 塞 雜 毛 俯 深 瀋 尚 川 ○複ー 伏 惟 領 先 以

行跡 峯上 立 雜坐 附弟 屬 廓 踊 屬 隆 踊 跛 跪 毛 輩 毛

佛射 連 普代 請 通 復 文書 不 運 義 通 參 知 識 明 閣 覺 相應 陳 器 出 同 害 告 快 懃 便 得 心 心地

狸豆（フチノミ）海蘿（フノリ）布苔（フノリ）水雲（同）蕗（フキ）蘤（同）薔（同）茯苓（フクリヤウ）喪衣

○食ー 醪（フルサケ）餢（フト）飳（フト）麩（フ）罘（フこ）齒 伏兎（フト）畏（フサ）總（同）総（同）腹帯（フノタイ）懐（フトコロ）衣（モ）服

帛子（フクサ）浮線綾（フセンレウ）紅酒（フルサケ）醫

○器ー 文書（フミ）皁（カウ）鎮（モ）筐（フバコ）牘（同）籍（フダ）挍（フサミ）

笈（同）匧（フバコ）䴸（フキ）袠（同）袟（同）帙（同）譜（フ）録 輸（フデ）筆（同）笛（フエ）韛（フイゴ）鞴（同）旋（フセコ）天 寿 天 天 福 聚

風鈴（フウリヤウ）冨士（フジ）瓶（コ）又瓶 亀 縁高（フチタカ）押縄目（フシナハメ）舟（フネ）船（同）刀（同）舷（フナバタ）航（フナハシ）紬（フナノリ）毛

舩遊（フナアソビ）渾（同）舟楫（フネカヂ）飾（フルイ）鍉（フスセ）匈（フクロニス）弓（ユミシ）甑（フロ）馬（フチ）掃（同）帚（フトン）蒲團 釜（フソウ）甑 艘 尚

復総　毛　罧　泠　文　恚　扶佐　扶持ー　助　耽　諂　瀆　俘　揮　迂

奮振　振舞　翔立　礼　行儀　姿　級　舞ー　復道　論　似　任　雙生

臥伏　偃　左　痀　貳　尚　吹　笛　筆し　噴　杜口　文　陻水　尚　雍　左　厭　論　扞　大　禦　拒

亢　左　排　孟　擢ー　踵　十支　左　不可風　馬旱　告也　左　聲也　鯙　擣　牒　膢　脯　脹　丑　說文云　總

葺　家　蕗　蓋　尚　鏡　渡　佳　東　宛　布薩　律之勤行毎月十五日白黒　月修之　歩射　有様　神事

蹈　医　痠　瘠　形　仰　○生ー　椹　節　草　木　芙蓉　蓮也の歎　藤　葡萄

舞雩　菸桒 日本 ゞ　○時　ー文月　冬暮月　朔冬　深夜

吏輔　降 雪 雨　吹 唐二 夾鍾　無射 唐九　○氣　ー父祖 古　父母 大

父子　夫婦 ー女　偶 礼 カコ　水手　俘 ー 因　梟 負母不養　梟ー　鷹ー　鰤　鮒 鱶　鰡

鯨　筆匠 ニ井　鰤　船頭　副寺 仙　貪生 ー人　○支　ー腑 臓ー　腹

糞 天　附贅 同　肬 同　疣 同　陰囊　閫 同　懷 左　腹 毛　届　毹 毛　離 ー　徙 ー　癥 血 醫

寒其咒 タイ先 血癊 醫　腎 同　癩 同　悪露　昔 目上 下　○態　ー　制 天　製　佛教

滛〻 熛烈 瀝言 攣攫 率領 被 簾 披離 檜扇

滛裔 疲極 蔫耳 端御 繳運

フ

乾〻 普天 佛殿 閣 文庫 風爐 爐 府中 墟 縣

雪風 驟 霆 岦 定 麓 坎 足 窄 谷 岐 港 潢 浮雪

雨雪 渕 襖 障子 橱 櫪 桄 無何有郷 不居所 仙家 大裏ナトニアリ

引閉（ヒキツメテヒラク）醫　酸（ヒシホ）　複ーー美　稟（ヒイ）負質　ゝ敷　泮汗（ヒロク オホロニ）　飛ゞ自在（ヒギヤウジザイ）　飛脚（ヒキヤク）

飛駄乗（ヒタトノル）　引出物（ヒキデモノ）　引両筋（ヒキリヤウスヂ）役　引組（ヒツクム）　勾引（ヒトカドヒ）　不入比興（ヒトヽナラヌヒケウ）

性悪（ヒトチリサウ）　若而人（ヒトナミ）ゞナリ　饒劇（ヒトナフリ）　口出（ヒツム）　竊以（ヒソカニヲモンミレハ）　直書（ヒタカキ）　直平（ヒタスラ）　足如　同　隠

頻使（ヒタツセ）　敢死（ヒタスル）　甚振　万　月　捃拾（ヒロイトル）　面現（ヒタイモキ）　靡持（ヒトヒ）　非愛（アイ）　祢ゝ非（ヒロメク）　義人（ニ）　直學　天　タノ台上カリ　ニト

貶ゝ（ヒヨウヽヽ）　目ハ　身伏（フス）　間疊（ヒマシウカミウ）　蠻弓（ヒク）　弦（ミミ）　側席（ヒトツニスセキツ）　牽折（ヒキカク）　固護（ヒタオモムキ）　訛謬（ヒ）

誹謗（ヒ ハウ）　畢竟（ヒツ キヤウ）　評判（ヒヤウ）　淀議　書共（ヒトハカライ）　便宜路（ヒンギロ）　風船（フウセン）　壇漫（タン）　必定（ヒツヂヤウ）　衰滅（スイメツ）　死服（フク）　文　文

颾(ヒラメク)

數ーー一(ヒトツノトリヘニ)　屎把角隅諭手　唐矢四 日本二　一切牲(ヒタフルヒツ)　卅有室
條幕(大平)　領對(ヒタリ 円)　靡(コフル)　曰ー

偶一樽飲(ミ・ココロニヒトツサカツキニオヒイル)　天
百鬼夜行(ヒヤツキヤキヤウ)　一杪(ヒトツキリ)　搦(円)　仙遍身(ヒトミ)　醫
四十鉢(ヒトヨミ)　諭住

一龍一蛇(ヒトタヒハイナハヘヒ)　莊

虛ーー廣闊(ヒロシ 円)　弘秀(円 ヒイツル)　卑下(ニケ)　畢(ヒキミ)　太(ヒタスニ)

永(ヒタスラ)　飄(ヒルカヘル)　翻(円)　純(ヒトツ)　偏(円)　周(ヒトシク)　等(円)　齊(円)　直(ヒタカフト)　曹　磷(ヒラク)　韓(円)　斯(円)　氣　沖(ヒル)　娯(ヒタク)
(ヒタフル)　尚

很(円上)　混(円)　徘(ヒチメク)　嚬(ヒソム)　秘(ヒソメク)　僫(ヒソム)　僭(ヒクメク)　罵(ヒシメク)　把(ヒハル)　揩(円)　爆(ヒハル)　擠(円)　捏(ヒシケテ)　胸　常(ヒタ)　曹
佷上　史　口　打

叨(ヒタク)　舊久(ヒサシ 円)　引延(ヒキハヘテ)　縮　頓夷(ヒタフル)　獨(ヒトヒ)　潰(ヒトリ ヒツ)　水　析(ヒラク)　烈(ヒハリ)　中人(ヒトケ)　疼(ヒリメク)
天　矮　左　万　醫

檳榔車(ヒリヤウクルマ) 廂車(ヒサシクルマ) 副車(ヒタミ) 人給車(同) 篳篥(ヒチリキ) 櫃(ヒツ) 匱(ヒツモノ) 匪(ヒ) 兵具(ヒヤウク) 南ハ毛ノ尚

傘(ヒカサ) 蟇目(ヒキメ) 鳴箭(同) 釧(ヒチキ) 天 蛭巻(ヒルマキ) 鑽(ヒウチ) 燧(同) 鍉(ヒサイノ) 鈾(ヒラナヘ) 艜(ヒラタ) 鞢(ヒシテ) 栰(ヒサツキ) 軾(同)

柂(ヒツキ) 左 枸(ヒテ) 叉(ヒ) 旒(ヒレ) 鑣(同) 甍(同) 門(魚)(同) 扱(同) 打木(ヒタ) 畠 田(ヒ) 飛木(ヒタ) 檜(ヒノカキ) 楫(ヒキ、茶) 毛 棣木 雉

臭(ヒ) 廣(タハウ) 冷(ヒヤ) 槽(ヒツフネ) 杪(ヒサキ) 杪(同) 立(タチ) 鏑(ヒキメ) 平 楴(ヒ) 鰍(ヒン) 簸(サラ) 田 楽

光ー 晧(ヒノヒカリ) 耿(同) 光(ヒカリ) 暉(同) 白(ヒタヽノ) 纓(モ) 衣 旄 兵具 丙文(ヒヤウモン) 狂文(同) 閃(ヒラメク) 爓(同) 映(同) 焱(同) 烻(同) 熛(ヒノトフ) 又ヒノハシ

纁(ヒイロ) 緑黄(ノモトシロ) 之 燎燭(ヒトモス) 火(同) 熞 火(同) 燈 偶(ヒトコロ)(ヒノ) 火 西中 熸(ヒキヘス) 皃火炎 火威 赤綴(ヒシトシ) 火威(同)

〇生ー　柘樹（ヒヤノシン）　柘楨（ヒヤノシン）或森　檜（ヒノキ）　枇杷（ヒハ）　楸（ヒサキ）　櫖（ヒラキ）文　杠谷樹 円　榕（ヒヽラキ）　檟（ヒヽラキ）天　菸（ヒコハヘ）

檝（ヒシ）　栽 円　蘗 円　葚 円　巴戟天（ヒラヽキ）　柃（ヒサカ）　相思（ヒサキノキ）　蘿（ヒカケノカツラ）　葛　莧（ヒユ）　䕸（ヒエ）　稗（ヒトキ）

穞（ヒトキ）　莚 円　蛇床子（ヒルムシロ）　葬 円　菱（ヒシ）　王瓜（ヒサクノリ）　瓠（ヒサコ）　匏 円　瓢（ヒサコハナ）　麞菜（ヒシキ）毛　蕿 円

〇食ーー　神籬（ヒホロキ）　胙 円　醤（ヒシホ）　醢 円　氷 円　額栗（ヒタイクリ）大鏡　平栗（ヒライクリ）

兵糧（ヒヤウリヤウ）　餉（ヒツ）　襯（ヒツキ）　近身衣 左　單（ヒタヽレ）　垂直衣 円　髪眞（ヒタイツミ）文　領（ヒトヘ）論　襌（ヒタ）衣 天　䌷（ヒル）糸　酤（ヒトヨサケ）　襛衣（ヒモトク）毛

平江（ヒシ）　縢（カツタク）帯

〇器ーー　火精（ヒトルタマ）　檜扇（ヒアフキ）　薫爐（ヒトリ）　火爐 或火鳥　名葉

彌円 登ヒトナル 宵円 沉ヒタ 浮ヒロ 指 張円 扶 据円 撫ヒル 鼻 疥ヒラク 痞 播ヒロク 扇天袖書

展円 臆ヒルム 瘦円 謬ヒカム 瞞円 邪円 僻円 嘿ヒリメク 錚ヒシメク 覞ヒロメク 鑯ヒロムル 濞円 弘ヒサシ 坐円 踞円 文 尚 史 イカル文 尚

熘ヒラナク 䙰火ヒナリスイ 撚ヒネル 捻円 攜円 紙 扪円 虱 疲ヒラウ 勞ヒカウ 和馬 韁円 罵ヒスカシ 攜ヒソメテ 矢 尚 天

披ヒ 講ヒカウ 秉ヒシ 拂ホツ 癥ヒタ 衣 拾ヒロフ 毗田ヒロイ 佼 怙ヒフス 犬 痺ヒリメク 撮ヒキツ 痛 客 忤 鬼 息ヒトナシ 仲 醫 醫 円

酸ヒル 樓ヒク 厥ヒエアカル 冷 拘ヒキツリ 急ヒキル 攣ヒキツリ 足 柱ヒラク 土 閉円 發円 播ヒシメク 擯ヒン 出ヒエツ 播ヒキル 醫 孟 ツリ 醫 醫 文 醫 円

盐ヒトツコナシ 賦 斐ヒ 叐 殷セン 文 人以言試 金以火試 玉以石試 刀以砥試 仏 瑜 良

蝨 左 肩髮也 蛭 蟾蜍 陰 蜛 姫鯱 鮊 鰻 他自 遊 水個魚

娘 鳩 被官人

支體

ーー 睛 眹 眸 胙 定 頞 顙

髃 鬢 髮 鬓 髯 髭 白汗 臂 肱 肘 胡 肭 食指

尨 癡 瘼 骬 髆 婢 毛 吉舌 円 鬐 胝 疹 躪 咩

鮁 膝

態藝

ーー 謙 傾 生ー 長 覃 賓 貧 孤 秘

褒 引 負 彎弓 口 拉 陸 國 撥 衣 贔 掣 提切 ーー 劈 提

丁（ヒノト）丙丁大火 在ー日 強圉　未（ヒツジ）午ー大火 在ー日 協洽　乙午寒（ヒノトヒエル）醫 同　○気ー　小陽（ヒ）同　妃（ヒ）后ー

日中星（ヒノヒトヒキトモノヒ）尚 央　妣（ヒ）考ー　飛魚（ヒキヨ）　星（セイ）　兄弟（ヒンテイ）　衆生（ヒトヽヽ）　蒼生（サウセイ）尚 同　人民 同　佛（ヒトハテ）日

靈（ヒトタマ）　賓（ヒン）ー主　客（カク）　嬪（ヒン）死妻　曾孫（ヒイコ）　彦（ヒコ）　隻（ヒトリコ）　孥 同　侏儒（ヒキウト）　唯（ヒトリ）　孤 同　檜物師（ヒモノシ）考

檜皮師（ヒハタシ）　兵士（ヒヤウシ）　婢（ヒ）奴ー　氷（ヒヨウカン）　岸 畐師　裨（ヒサキ）　販（ヒシノ）文 贈　販婦（ヒサメ）　鬻（ヒサク）女（ヒサメ）　鷹（ヒタカ）

翡（ヒ）　翠（スイ）訖　鴨（ヒヘトリ）　雲雀（ヒハリ）　鵯 同　鶴 同　鵁（ヒタキ）　鶲（ヒハ）　翟（ヒナ）　雛 同　鶵 同　麋（ヒ）也　麀（ヒン）牝 牡

羔（ヒツジ）羊 カウ子　羊 同　貔（ヒ）虎之屬 尚　魦（ヒヲ）　魤（ヒ）ー魚 骨如磬　截（ヒヲムシ）　虫日　蜆（ヒクラシ）同　蜩 同　弟 同　蜉蝣（ヒヲムシ）　蟜 同

ヒ

乾ー坤 三畫 是天 東 震 陽炎 陽炎 暈 晛 霈 盆 枡

桁 搋 陛 檜 皮 屋 檜 楚 肋 鋪 爐 綏 飛檐 檐 楯 趾

氷室 湫 泥 淖 塗 獨木 獨 果 阱 土 夷

時ー 暑 日比 終日 終 晝 盱 瞑 晏 昊

昃 日 短晝 陽 睹 慞 晩 彼岸 冷 後半 子時 兩在ー日 丁大ー 柔兆

（6オ）

汎〻人　白状　配膳　分　魁〻　魁却　含浦　叉馬　破家　婆伽

磨面　紙　无基　量　進退　遑遑　遥久　眦　覩覯　端　物　狭間　孔子　刷盈

無遮　孟浪　初髪　以前　古　嗽　破顔　陀　膀示　題　彷彿

放蕩　放逸　破滅　廃亡　立　勃窣　風暮　播算　徘徊

徒忘　思同　繁昌　栄　莫大　忙脚　深墨　忙然　撥無

陪従

太已　酷泰　至篤　覃　暴上　破ー　侍御　鮮腑〻
焱　複〻　法式　語　發明　端　着　嚴　聲華　則　向陣
首尾　度　長　繋大　晉　諸　適祭　静言　諭事　伯子　納　書　片　午矢　論目　尚　下
齡　齒　齒　脊　搏　粮　振　馳　驟　超　攄　波〻　羅〻　霞　徒跣
早　俗　匍匐　氾濫　馬　雲　攘　出　別　連　別　弛　含　嬌　忍　咲　恣
半面　硫　礚　将又　络〻　年　发　答　庭實　私　鬮　皂　胤　把盖

白雲浪雪　白拂　榮桂　黒子　靨　徽　掃　松煙　白畢　黄

之時出ノ圖五月　五日懸門左上辟　悪鬼之妖也　薄　霞　頒白者ノ　孟　○數ーノ　八體　一大篆二小篆　三刻符四蟲書

五摸印六署書　七殳書八隷書　一廿　八月　八專　若ヲ　延　八正道　遍般　名　寸　三　一二　半間　天　百可　左

石南状　一町　一万　一兆　八　八柄　爵禄　予置　生　奪　廢　誅　遊　孟　春経序　○虚ーノ　載　孟　初　始

首戈　本甫　儆哉　元　元　榮　締　端　耳　爆　磕　遭　遆　炮　爆　洪　靡康　久　尚　カウ尚　天　尚　天

尚　濁　天　筵　讀　嶮　列　磨　論尚　果　終　迴　硌　左　介　間　甲　尚　搆　良　論　孟　甚

鉿鍱勒肚巾韈鞶畏弓鎺刀發若剌刀弛弓盤器檛

搥抱鼓挨琵琶撥抱鼓機羽子桜桔槹鉢器盆箱家

奩匳匣稍掃蝿拂玻璃鉗劄鈸刀判匳椽迨

巻圏鐖昏跣履蹤其針損壓炭艘舫捧撥

檣校着舸杠驂筆刷子糊馬上盃鍔刀

月懐基　神参之時留守家塚用之　都鄙ニ之ヲ

○光　白馬節會　光見絶

（4オ）

茶（ハキ）葉　同　黍　同　義　同　羹（ハクヒ）一イ　也　芽　羌（ハミシ）葉　防風（ハミニカナ）屛風　續斷（ハモ）蓼（ハミタカキ）水藜（ハミフクラ）

蕚荊（ハナハヒ）旋華（ハカヒトクサ）纖（タイケキ）同　大青（ハトクサ）（クルクサ）薩（ハミヒシ）藜　茯　同　秦艽（ハカリ）（ツカリクサ）天名精（ハミタカナ）（ハミフクラ）

麦句薑　同エ　亭歴　同　子（又ハニセリ）（アヒナツナ）
○食ー　寶花（ハツシ）批　同　旅　龍（ハタコ）鼈　同　鮖（ハラコ）

稲穀花（ハノセ）（タウコツケ）三井　前花（ハセ）山門　半尾（ハンヒ）裾　半臂　同　衣　名　袴（ハカマ）裲（ハタヲリ）端袖　袪　同　襟　同　行纏（ハキ）袴　同（ハカマ）

脛（ハキ）熅（ハタ）袴（ハカマ）幅（ハタバリ）褌（ハカマ）忘憂（ハウ上ウ）東　箕ー食　酉名（ハコ）馬
○器ー　杯捲（ハイケン）盃

幡（ハタ）蓋　旗　同　旌　同　旒（ハタテ）幢（ハタホコ）旒　旙（ハタ）權（ハカリ）又　重　軽　量　同　短　長　衡　同　秤　同　稟　称　同　鍋錘（ハカリノヲモリ）半首（ハツブリ）

薇兔ハチツ 尚 同 桂 同 舍 拔 稜ヤハスヅ 釋ハヅリ 羽ハネ 矢 同 鷸 ハ仲 矢 同 吹 矢 同 亦矢 同ーー 下 交ハサム 碁 文 翦ハサミ 髦 敝 馬 娘 左 妊ハラム 同 安 同

孚ハコクム 翌 同 恤 同 育 同 毛 入ハグル 飾ハタク 旆ハタニテ 左 縁ハラ 鑿 動ハタラク 同 礫ハヽキ ケツ 刈ハツル 木ハツチヤル 派 舟ハス 之 日 跋 書後 布日ーー

半劑ハンサイ

○生ーー

華ハナ 花 同 ハナサクモ 葩ハナヒラ 文 蕊ハナフサ 蕚 同 房 同 盧橘ハナタチハナ 文 榮ハナサク 文

青葉 同上 文 柞ハヽソ 櫨ハヽニ 椽ハシハミ 文 樟ハヽキ 同 据 茄ハチス 文 菡ハスノミ 萏ハスノハ 藕ハスノイト 螢ハイ 逭 植ハキ 萩ハキ

蓬ハコクサ 同天 蘆ハセリ 芭蕉ハセヲ 馬蘭カキツハタ 雲實ハナサヽケ 色黄黒似豆 天至香 同 ハヽキ 毛 稀 尚 藜 ハコヘ 菜 蔞草 同 同

蘽ハヒカミ 同 来 蕚ハヽノ 荷ハチス 芙蓉 伴花ハンラウ 梅 豔 貝母ハヽクリ 同 鷄腸草ハコヘ 鹿鳴草ハキ

(3オ)

含嬌 ハヂニフス 同 嬉 同 嬪 同 仙 作 ハヂカホスル 揣 ハカリ 左 倚 同 厚薄 量 同 長短 期 同 内上同 陳 セ 議 同 左 計 左 慮 ド 徒庸 同 材用

圖 同上 事 同 毛 揆 毛 測 同 規 ハカリコト 謀 同 猷 同 甚 同 拜賀 ハイカ 閣 ハケム 懂 同 揺 同 嗜 同 勵 同 策 同 劇 同

策 劇 ハゲシ 厲 色 同 論 剝 同 爪 跛 ハイツ 言 ハラフ 遣 同 蛇 ハラフ 胥 文 齒 ハカミ 齕 同 ハクル 剜 胃 同 丞 馬 騁 同 馬 駐 同 牛 到 左

瞋 ハラタツ 同 恚 同 腹立 同 怒 同 天 徵 ハタル 同 債 同 婆 ハヽ 同 憚 同 文 阻 同 毛 難 同 放 ハウザン 參 繟 ハタヽク ハシル 跣 スアシ 走 ハシル 犇 同 馳 ハシル 馬

剥 ハク 剪 ハヤス 爪 ハシ 吐 ハク 歕 ハキイダス 濤 フキイダス 掃 ハラフ 同 黛 ハクロメ 路 ハスクロメ 鮫 ハスラフ 同 魚 鱗 ハタラク 擺 同 瞯 目 ハシツツ 就 ハシリ 屢 礼 嚾 ハヤシモノ 拍 ハヤス 餞 ハナムケ

粽 ハヲタツリ 中 遛 ハコブ 聳 同 華 ハナヒロク 挾 ハサム 輀 ナカヽリ 佇 タヽスム 左 ヤスラフ 哆 同 愽 ハシキ 変 ハンエキ 条 ハチル 弛 ハツス 弓 同 弨 同 矢 同 皮 同 階 ハシ 文

鮍魚（ハコチ）蟄虫（ハラオリ）蝱（ハシリ）貝母（ハゝクリ）鰷（ハエ）鯊（ハセ）鶴（ハクトリ）鵪（ハシタカ）童魚（ハヘ）放家（ハラカ）博勞馬（ハクラウ）塵（ハシ）

鉢叩（ハチタヽキ）馬䮝（ハク）

○支體

肋（ハラノハラ）胎（ハラコモリ）腫（ハレ）滿（ハラフクロ）腰（ハラスヂ）脊（ハクヒ）暴（ハミ）瘡（ハヒカ）

肺（ハイ）鼻（ハナ）劓（ハナソギ）窽（ハナヒラ）齅（ハナヒル）鼻（ハナヒラ）膈（ハナキ）繩（ハナハシラ）頬（ハナハシラ）刻（ハナキリ）齒（ハ）斷（ハクキ）齮（ハカミ）齗（ハキリ）齧（ハキシリ）

齒府（ハフ）膚（ハタヘ）肌（ハダヘ）腹（ハラ）胎（ハラム）孕（ハラム）脹（ハラフクル）胎（ハラコモリ）胞（ハラゴモリ）脛（ハギ）膊（ハギ）脊（ハギ）膝（ハギ）出家（ハシユツケ）

倮（ハダカ）癩（ハタケ）瘡（ハタケカサ）瘠（ハタケ）鳶（ハシ）胡（ハ）䶉（ハナイキ）瘍（ハナヒル）噏（ハナフル）嚏（ハナヒル）䶊（ハナツハル）禿（ハゲ）髪

鬀（ハゲ）鬢（ハケヒン）

○態藝

能（ハ）御（ハラヘ）祓（ハラヘ）拂（ハラフ）掃（ハラフ）放逸（ハウイツ）恥辱（ハチ）

○時ー ハヤミ 早 晨 同 速 ハル 春 ハレ 晴 ー天 ハヅキ 葉月 桂 同 婆達羅雖 天六

○氣ー ハヽカタノヲヂ 母ー叔父 ハヽカタノメイ 外甥 ハヽカタノメイ天 姪 ハク 伯 仲 公侯ー ハラカラ 兄弟

頗勒宴如手 天十二

ハ 霸 ー主 ハウリ 祝 巫ー ハンクハノ女上毛 繁華 文 ハウス 坊主 ハツケン 法眷 ハウハイ 傍輩 ハカセ 博士 儒 同 異 同 参ノ貫 同 ハヽ 婆 女

ハンジヤウ 番匠 ハン 蠻 ー夷 ハエン 馬遠 畫師 ハウヨ 菩海 同 ハケモノ 化者 媚者 同 天怪 同 ハイタカ 鷂 ハシタカ 鷂 同 ハヤフサ 鶻 隼 同 ハト 鳩 鴿 同 山バト 家バト天

ハツ 魃 ハタヽカミ 霓 ハラ 蘋 合鐵合ハ西麦 七種反化十一面 觀音化身之 ハウシ 牂 ハラカ 鯇 イタ魚 腹赤 同 ハウ 鮑 ー魚 ハミ 鰣 ハム 鱧 同 ハヘ 鮠 同 ハヘノ 鮑 胆

ハス 鄱 ハヒカミ 鮹 ハニクリ 蜃 蛤 同 ハチ 蜂 文 蜂ー 同 ハチノコ ハチノスリ 蜂巣 毛 ハタオリ 機織 ハエ 蝿 ハエトリクモ 蝿虎 ハツアリ 飛蟻 ー 鼴

温故知新書

下

乾｜博陸殿磐石法堂房坊柱櫳檻寺區疾風

暴風飈陰霽晴方角麓火田畷畑墓陵阜菁

捻埴土壷霰端込搏風破風灰激井橋階壊尚

霹濱飯間蓋｜棄伴儻所魄魂飛雨望夫石

夫人武昌山不飯其帰意死後化石下歟

（1オ）

卷 下

巻上ノ下　裏表紙

服御旭喤呷崑殖偃卧升高必自卑陟遐必自邇

臨大難不懼者聖人之勇也孔子圍匡人之時弦歌

能治

恭　心上有君子以含容成德

災　川下有火小人以忿怒損身

臨莅覿覗覘除免蹐膝跙登上陟方褰陵呑下

生ー苔芭蕪葫白前　食ー餉粥粭糊粘熨斗

鮑紵袈裟帋幅褌細縫　器ー駕軌鋸鐵

鐙鑽呑入野太刀短刀野劒靴檜梯樸刷熨斗

光ー狼炎　数ー　虚ー延伸靜信偃仰

末雌後居残遺卒　複ーー上下勠力詛祝

(43オ)

乾ーー暴風(ノワキ)　颿(同)　野分(同)　野暖(ノキヽ)　文　暖簾(ノウレン)　暖寮(ノレリヤウ)　軒(ノキ)　檐(同)　櫊(同)　招(ノキサシ)　藪(ノラ)

野滿(ノモセ)　捕(ノキ)

時ーー長閑(ノトカ)　太閑(同)　閑(同)

氣ーー農夫(ノウフ)　人(ニン)　鶺鴒(ノセ)　鵵(ノラヨ)　蚤(ノミ)　天　蝨(ノムシ)　(ニフ)

支ーー喉(ノト)　咽(同)　嚨(同)

伸(ノヒ)　膿(ノウ)　腫　血

態ーー能(ノウ)　法則(ノリ)(同)　憲(同)　慮(同)　尚　綦(同)　白(ノツト)　祝(同)　飲(ノム)　酒(ノミ)

獨鬧(ノミニ)　天　醑(ノミツス)　文　軿(ノヽミル)　文　飼(同)　逶(ノシ)　送(同)　延(同)　佯(同)　臣(ノミル)　去　詣(ノル)　讐(同)　農(ノフ)　夫　扪(ノミ)　田　控(同)

揮(同)　巾(同)　善(同)　刀　乘(ノル)　馬　舟　車　輿　勝　左　馮(ノリモ)　倒(ノス)　尉(同)　熨(ノシ)　仙　矢(ノフ)　廏(シ)　謀(同)　延(ノヒアカル)　伸(同)　昂(ノトヲヘ)　吭(ノトヲヘ)　喉　㦗(ノトヤカ)

〇生ーー　合歡木(ネフノキ)　夜合木(同)　棔(同)　棫(同)　梗(ネフモチ)　根(子)　木 草(同)　芫蓮子草(子キサ)　菟絲(ネナシカツラ)
覺(同)　〇食ーー　捏(ネチ)　練(ネリ)　貫(ヌキ)　練(同)　帛(同)　〇器ーー　年貢(ネンク)　念珠(ネンシユ)　鐃鈸(ネウハチ)
根組(子ツ)　〇光ーー　〇數ーー　一切(ネンコロ)　妻結切　七説切
〇虛ーー　甘(ネンコロ)　左　毛(子カハク)　堀木(ネコキ)　草　頑(子ニル)　酉　〇複ーー　鄭重(ネンコロ)　倖倖(ネカヒモトシム)　白　不分(ネタニシキ)
蓬頭(ネノメシカミノ)　捻入(ネチイル)　捻頭(子チタヒ)　盗汗(子アセ)　寝覺(ネサメ)　臨臥(子サシ)　醫

乾ー 閨 ネヤ 閨所 ネトコロ 寢所 同 帽 塒 ネスハシリ ネグラ 黄泉 ネノクニ [illegible]

時ー 熱 ネツ 又 稔年 ネンネン 序来 ネンライ 記紀人

氣ー 祢宜 ネギ 同 頸 佞人 ネイジン 宿 ネドリ 鼠 ネズミ 巫ー衆

猫 ネコ 猫 ネコ [illegible] ニタ

支ー 睡眠 ネブリ 同

態ー 懇懃 ネンゴロ 同 祝言 ネギ 同 唁 同上

蹢（ヌキアシ）縫（ヌフ）毛同　寢（ヌル）衣同　滌（ヌタ）菀同　豩同

生ー　白膠木（ヌルデ）　櫻同　樗同　零餘（ヌカゴ）　蓴（ヌナハ）

食ー　糠（ヌカ）　稃同　粠同　鈍茶（ヌルチヤ）　縷（ヌイコト）　繡（ヌイモノ）同　絢　緯（ヌキ）　縦（ヌキ）同　緘（ヌサ）　幣同　秘　麻同　稜同　袚同　毛同

器ー　貫（辛ヌ）　貫（ス）　貫上

光ー　歌（ヌマリ）　丹（辛）　雘（イロトル）尚

數ー

虛ー　捷（ヌケイデタリ）　揵同　揵上　弱（ヌルヽ人）心　遲　偎同　儒（ヌルヽ）同

浛（ヌルヽ）　霤同　滑（ヌメリ）

複ー　脫却（ヌキサケ）　衣　擶内（ヌイテイル）　恕（ヌタ）　濤心　又序

ネ

(41オ)

忍辱（ニンニク）

ヌ

○乾ー　塗（ヌリ）　黿（ヌヌ）　墐（ヌリナヘ）　楾（ヌキ）　沼（ヌマ）　沚　小島　左　奴窓（ヌソウ）　八　东

○時ー

○氣ー　主（ヌシ）　漆（ヌツモ）　奴婢（ヌヒ）　縫物師（ヌイモノシ）　偸児（ヌスヒト）　高開銅馬果上公皆盗名　不良人　同　盗賊　同　鵼（ヌヘ）　鶴（ヌカ）

鸊鷉　同上　鵝　同　蜩（ヌカハヽ）　鶏（ヌカ）

○支ー　板歯（ヌカハ）　蛻（ヌケカラ）　又　鷖

○態ー　叩頭（ヌカツク）　礼拝　擢戈（ヌキイタスホコ）　負　抽刀（ヌキシリ）　左　抜（ヌク）　左　棘環　微（ヌク）　論　人　同　揖拝　同　詣　同　霜　同　脱（ヌク）衣　冠　挺（ヌケテヌリ）

生ー朱櫻 櫸 苜蓿 楡 冬青 龍膽 薔薇 地膚 地葵

食ー牲 青饙 醍醐 酥 苦 和幣 鱠

器ー如意 寶珠 瓔 手捲 鞦 觴 觶 觚 膠 轄 荷 如意

光ー燎 庭火 燒 丹 鈍

數ー二廿 乄 二千 二矢 弭

虚ー如 睟 旬 香 儀 乖 僅 暫 獨 似 輙 深

複ー莞爾 膃肭 柔 和 軟 任 羞 不增 睚眦 斷斷 人間

日本紀ニホンギ　稲葉　積重　似字ニウ　時　十二月シクハツ

氣　人丁ニンチヤウ　日觀ニツクハン　鶺鴒ニハクナフリ　鷄ニハトリ　同　雞　鳰ニホ　駄狗ニオニ　牛螺ニナ　蜷同　木蜂ニカハチ

虹ニジ　霓同　蝀同　蝃蝀同　支　人神ニンシン　皰ニキミ　瘡同　痤同　瘯同　肉毛ニコゲ

氂同　犛同　氉同　入道ニフダウ　尼公ニコウ　卒忤ニハカニ

態　賙賑ニギハウ　賑同　稔ニギワイ　荷ニナフ　擔同　䋶ニナフ　石　憎ニクム　惡同　感ニカム　齝同　斷同　勃ニカル

睥睨ニラム　痳ニヨウ　讀同　紬　北ニグル　逸同　逃同　濯ニル　煮　桒亡ニハカニ　呻吟ニヨビオメク　湘ニル

頻繁　毎年　不平　依底　垂居　近遊　耳後　無代　無屈

無輕　勿貳　因永　行舟　無何　条事　無頼　剔且　暮声　悪善　求守

無涯　因唇　駒凍　名除　平生　等閑　名謡　遠近　靡逸　湯ミ

悠ミ　雪頼　人想　思斜　畢沈　吟閑　道ミ　道菲　薩落

乾

乾ノ　飄西　秋金　澪　砌場　庭満　虹　霓　濡潦　潦　行潦

半分雙偶ー無度挍方四千那由佗

虚ー脱朽靡虎貫和軟斜准擬視串並并恣払

債竹恩偶儻中居人仲無嗇謎無便無為鯔衣争

何胡然長刀條匿凸凹恂易無糖滑鳴音騈東ー頭

稜ー社稷荒和神祓成敗戰色脊養平均嫐怒寂媚

不怪幽玄假借瞼胎投弃動鐘雷碾何補馴思姤婷

蕪菁子(ナタネ)　荇(ナキ)　羊附来(ナモミ)　菫(同)　菲(同)　蒼(同)　常思(同)　醫

○食ー　直會(ナヲライ)　直礼(同)　生栗(ナマクリ)　納豆(ナツトウ)　恩(ナサケ)　尃擇セ　膄(同)　腥(同)　膾(ナマス)　鱠(ナマス)仲礼　直衣(ナヲシ)

襴衫(同上)　濕熱(ナヌル)　水醫　生海鼠(ナマコ)　○罷ー　銀鋌(ナンリヤウ)　長刀(ナキナタ)　剣(ナキナタ)　釣蛭巻(ナキナタ、ヒルマキ)

鐃(ナウハチ)　貝　鉾木(ナイカマ)　文鎌(同)　心(ナカコ)　華(同)　鳴子(ナルコ)　鈎鉈(ナタ)　鉄(同)　鍋(ナヘ)　索縄(ナハ)　縲(同)　絏(同)　鉛(同上)　松　尚

錫(同上)　鞯(ナメシ)　夢(同)　渭(同)　延桐(ナカムシロ)　ナエミ　具　畢　取　中特(ナカモチ)　嬬(ナシ)　足駈(ソクヒヤウ)　脚(ナツ)　セ　姿　納帳(チヤウ)　ミサメ

○光ー　中黒(ナカクロ)　紋(ナメ)　白衞(同)　白帶(同)

○數ー　天一神(ナカカミ)　九月(ナカツキ)　七尺(ナヽヒロ)　七(ナヽクリ)　紙入(ナヨリイ)

(38オ)

馮 ナフス　馮 侃 ナラヒ 馴 ナル 狎 同 慣 ナレ 古 ナラフ 舟 ナラス 鈍 ナラフ 梅 同 慣 同 嗣 同 習 同 貫 ナラフ 撩 同 倘 同 撫 同 嫐 同 平 ナメテ

利 ナマル　罵 同 天　詠 ナガムル　娉 ナムル　押 同 媚 同 彷 同 宴 同 歌 ナガム 詢 ナガメ 討 ナヅル 僄 同 馴 ナメシ 傈 同 訶 同 嘗 同 毀 同 咀 同 諾 ナカゴト 天

鶩 ナヘグ　蹇 同 跛 同 蹇 同 足 身 同 躄 同 躃 同 足 同 蕫 ナミダム 評 同 宥 ナダム 宜 同 救 ナダム 撫 同 拊 同 謎 ナゾ 隻 同 ナミ 慈

泥 ナツム　難 ナツム 乇 ナヤム 平 ナメテ 懐 ナツク 投 ナグル 擲 同 點 ナカラ 弭 ナヒカス 髦 ナギサ 魁 ナヅク 膾 ナマス 腥 ナマグサ 氷 ナカナク 鳴 ナクナヘ 嗚 ナク 虔 ナヘニ

論 嚢 衆 天 尚 左 迷言也 厳

弱 ナヨメク 暴 ナニハカ 上 ナニ 善 ナニ 宮 ミヤ 仕 ツカヘ 敵 ナタニ 號 ナクレ 叫 同 互 ナカレ 狩 同 拖 同 索 ナハ 絢 同 綜 ナヘ

醫 伊 性 他 醫 酉 日 ナニ 毛 孟 性

生 ナキ　物 同 揔 同 梛 ナラ 椿 同 楢 ナツメ 棗 同 櫨 ナミ 梨 ナシ 臛 ナラシコ 麦 同 大 同 蘭 ナメスキ 滑 同 葺 ナツナ 薺 ナスビ 菜 茄 毛

ナ

和儺秡（ナゴシノハラヘ）六月晦日ニ於テ之ヲ秡フ文夫魔　古死札生札ニ名ヲ越ト云也百日秡ノ徳ニく

○氣ー　南斗（ナムト）　廣人（ナラヒト）　儕人（ナラヒカヒト）　尚侍（ナイシノカミ）

御等（ナムタチ）　汝（ナンヂ）（ナンタチ）論尚　爾（ナンヂ）　曾（ナンヂ）同　媒（ナカウト）　妁（ナカダチ）毛　同　某（ナニガシ）　鳴鳥（ナイテリ）　軟挺（ナエリ）　平家　鯰（ナマヅ）　文集　鮦（ナヨシ）　鯔 同

蛞蝓（ナメクヂリ）　蛞蝓 同 日 醫　夏蟲（ナツムシ）　蠅（ナツゴ）　醒（ナカタチ）　鰭（ナニコ）　長鯨（ナカキツクヂラ）　脩鯢（ナカキメクヂラ）　鯔（ナヨシ）

○支ー　腦（ナツキ）　腦（ナラ）頭ー　涅視（ナカモノメ）礼　流（ナカス）同　胯 文　癃痩（ナミハタ）　戀水（ナミタ）　涙 同　泪 同　涕 同　泣 同　啼 同　渧 同　洒（ナミタミツ）

後（ナヘ）　癥（ナニツ）醫　密雲（ナミタクム）　屬（ナカチ）　糜（ナキスム）

○態ー　懷（ナツカシ）（ナツク）尚 論　藝（ナル）尚　襃（ナツル）同　擾（ナツル）同　秤 同　覩（ナニル）左　訛（ナマル）止　塲（ナセヒ）孟

稱（ナノル）　名揚 同　名揚 同　名對面（ナタイメン）　恷（ナケカム）　嗟（ナケク）同 天　愛 同　殘 同　離（ナゴリ）（ナグ）　薙草木（ナグ）刈也　歩馬（ナハス）

散帯 滯佈 戸 擬立 雜閙 閙石 所御 祟超 趨殺 厚

東衝 曉起 鷄

ナ

乾ー 南薫 夏風 波内 陣 擲石 耐重 漲 頂瀾 浪波濤 雲烟

洋ー 水 灘 水 霖 三日已後 代 虚空 並 末 畷 田 畔 田 疇 灑 渚 納所 長柵 霽

長ー 表 塵 平城宮

時ー 夏 長月 玄 孺 曩 久 南呂 暖日 庚八

從茲　敢　失　濟　疾　迅　敏　早　常　鎮　融　通　閑　安　床　遊　尚

遠　遐　直　餝ー　玉　泙　解　泮　迚

複ー　左右　合　度　斗　數　抖擻　動　之　捧　打　展　鼕々　音

騁　隠　動地　々々　咳　時　声　舉　鯨波　取　押　留　目　蠱　取　上　貢　代

洞達　大小　折　醒　遺　寠　篤　侍　反側　條忽　消　軒　動轉　荘

頓有　頓元　獨歩　蹉　得意　並　惠　行　平生　終古　不吉　俗　泊　停滞

礪銃舡艫舟舳纜艳篷笞小轅轅車具軏車轅左

鏈𨂂闈利鴈矢火矢黐鳥黐籤筒器土瓶

通雉般鉦取帳

○光ー燭灯炬燈燐燧爐烽ー挙

燹驂

○數ー百楽斗未早七西下早一万里

度洛又億

○虚ー東南從時節廷滑之

鐃宮鋒耐脣豬留停處定止動轟轂謚驟雪水

求尋（トムル）　ヤ　閑格（ヘタル）　醫　調菓（トヽノヘ）　醫　遂捶（トヒサク）

○生ーー　杜鵑花（トケンクハ）　杼（トチノキ）　椂（同）　茶（トチ）　柣（同）　栩（同）　梠（トカ）　樫（同）　楜（同）　榛皮（トリコ）　欟（同）　石檀（同）

檮（同）　石楠草（トヘラノキ）　鍼草（トノサ）　木賊（同）　常夏（トコナツ）　猪魁（トヽキ）　蘆（同）　椌（トチ）　蘚（トロ）　菴（同）　天

鶏冠菜（トッサカノリ）　苫　升麻（トリアシ）　醫　○食ーー　透頂香（トウチンカウ）　土産（トサン）　桐油（トウユ）　毒（トク）　荼

鈍子（トンス）　段子（同）　鈍色（トンビキ）　宿衣（トノヰモノ）　頭巾（トキン）　伏　帳（トハリ）　山　幔（チャウ）　佛　幬（同）　檮（同）　文　鼻褌（トクコンヒ）

○器ーー　斗（トマス）　米　斗概（トカキ）　燈心（トウシミ）　燈（同）　燈械（トウカリ）　砥（ト）　石　毛

支體　髑髏　瞳　雀盲　胴　身　胴　股肱　労疲　觡　搏

鶏坂（トツサカ）冠

態藝　仁届　咕　其兄　尚　吁　吊　兕　呞

蕩闘　鶏（トリアハセ）　顫　翥（トヒタツ）　道　頑　飛　閔　音　咄矣　研　礪　磨

疫　鎔　銷　齋　持　収　貸　右　心　秉　握　寸分　挹　捕人　搵　伐

執筆　繕　取　偃　拉　挖　虜　鈍根　嫁　婦　轉　側　發足　止　恌

稗　棚　説法　調　蔵　解　悲　祢　杜撒　咎　充　閑　通　関

時　肆宴　頃年　秋　時節　會　朝　季　歳　年　稔　載

曖旬　土用　寅　太歳在寅曰攝提格　酉　申酉ノ歳　在酉曰作噩

氣　同朋　徒黨　友　等輩　儕　儔　僚　曹　伴

殿波羅　讀師　僮僕　近衛　宿直　因幡　鳥

禽　遁世者　鴇　鵇　鳶　犢　虎　雉　蠖　螻　蜓　蛉　東　披

杜　美　東枚　鯲　鯳　鯱　伽　人　東堂　同　池

（34オ）

ト

乾 神門 鳥通門 栖 花表 鳥居 鶏栖 都鄙 逈

直盧 且 墅 處所 町 迮 牀 床 樗 土居 土蔵 [illegible]

洋 氷 外 僧堂 戸 扉 閘 闔 枚 閾 墟 樞 扃 瀾 廖

扃 楗 側 鐶 釼 塒 桀 櫟 巴 淳 土通 土水見 嶝

東司 闇外 様 席

光ー照　曜　鑑　鐵炮

數ー兆　十億　卿　安地　饕餮　重五　重六

虚ー點ー

複ー天　道運骨　覿面　手並　手間

手段　起　弱　丁寧　頭首　招請　天踊　躑躅

擲　橙　殄滅　轉　受　超越　天章成　顚倒

輾轉　點　定　挑　重事　超　次

態ー 調法 傳奏 擇 撤 拵 拵 行 執筆 渫 滲 盟 尚

手手 文 談傳 絹 嘲 哢 擕 擣 搦 醫 天賦 手書 水

生ー 顛仆 尚 木 天南星 天門冬 春

食ー 手覆 絰 論 纏 羅 米 涕巾

器ー 天冠 佛 天蓋 白 輦 弔 手 穴冑 取 歩楯 鞠 銚子 釿

財ー 屬 手斧 擕 調度 懸 烏帽子 傳 盟

○乾ー　天長地久　天氣下　朝廷　殿上　寺店　亭　泥　鐵

天井緣　廛屋　市郎也　百畝也　鍱

○時ー　朝夕　調　朝也　躔　提月　輾時　晝也　晒　時　點　一夜五更　刻

○氣ー　天　神部人　帝王　殿上人　姪　亭主　狄　典座　點司

殿主　傀儡　天狗　狐也　鵜　鶉　鵰　麗　鈿　貂　羝　蝶

○支ー　體　躰　手　腕　拘　癒　蹄

複一一　夙興（ツトニオキ）　蚤作（同）　爪操（ツマクル）　蚤髪（ツマキリヒタイフス）　連懸（ツイテカク）　樋寄（ツトヨル）　樋て（ツヤく）

樋思（ツクヅクオモウ）　嗜て思（ツクヅクトオモウ）　樋着（ツクヅクト）　来人（ツクヅクト）　通（ツウ）　達用　例力　支頤（ツラツヘ）　駢田（ツラナリ）　冷然（ツレヅレ）　法嘔夜

徒然（同）　疲頓（ツカレ）　起盡（同）　追（ツイ）　放出　従討　残（ツクス）　仁寅　肩（ツツシム）　謹言（ツツシム）　孟晋（ツトメススム）　延（ツラナレリ）　尚　文　文

剥飾（ツクロヒ）　著使（ツキツカヒ）　蘊（ツツメリ）　胸中（ツツミ）　角言（ツフヤク）　事（ツカヘ）　大字小（ツツシム）　瞿然（ツツシミ）　服（ツク）　条（コトニ）　尚　マユヲヒソムト文　左クハイセント文

擣飾（ツキハメク）（フルウ）　奄（ツイ）　従（ニヨウ）　追（ツイ）　甘月（ツケスミヒ）　彫啄（ツイハム）（テウタク）　戚載（ツツムコトアリ）　強顔（ツレナシ）

テ

數一一三二思十亘百寮對九折百超百切次

歪論文播寸中又

虚一傳流積都續剉継牟膝究遂急潔

串矢尋殘審調曲詳揪芳捕拙倩段寞

剋剋剥杭摘樓培盡空嗽森勁常尋猛傳便

槊續塞之定閘約

罨ーー堆朱　厨子　鍾　鈹　鉤　爾鑱　釣竿　編綸　船

鎚　餅　瓶　汲　桶　綆　縆　綱　汯　杯　弦　弦　角　端　艇

戟　執　蘇　杖　朴　堝　奩　壘　机　司子　筆　鄭　藤　貫　圖

刋卯　直截　頭切　筒　柄　欄　鐵　鐔　礫　頂　時石

紡車　機具　突立　障子　蒼朶　竿　安　塗香

光ーー暈　堆漆　梨　黰　鐘　麴　赫白馬　驄　鵇毛　光明　醫

紲 緊 絆 東 摘 薀 粘 弄 琴 埋 鬼 忤 月閉 隠婦

吐 交 耗 傷 搥 撞 寡 募人

生ー 椿 椿 桃 李 樗 黄楊 躑躅 槵 梜 槻 連銭草 土筆

鴨頭草 蓴 江浦草 薏苡仁 蔦 蔄 荅 茅 藁 這

食ー 椿餅 海石榴 糯 蒟 炮 包 鮑 紬 緒 裹 復 綿 椽

衣 肚 脘 頸巾 食 賦 賺 産 冷氷

脊(ツキ)捉(ツカム)　血鼎　撮(ツニム)　天　畚　日　揺　腌　剏　趺　蹟　文　媢　左中　追從　佌　毛　僣　備

尭罷　左　敬　煩　疲足　駑　極　熟　見　世　左　摞　債　日　悪　儀　倚　詢

詾　譞　呟　靖　揔　云々　通　人　汲　矣　勤　求　茂　勔　強　讖

霾　昏　目　瘡　壅　唾　礼　左　散　緝　紡　抜　天　維　殫　悴　聚　會　集　輴　車人

退　院　唯　隽　文　喙　透　尾　尚　鳥　喋　詁　攻　交　剟　碁　謬　本　論　來　毛

古辛人　辠罪　自辛字似皇　始皇改為罪　祝　縁　手　付　告　令　毛　赴　崩　左　吐　乳　酉　瘦　釣　魚　テウ　毛　縛

鵃　姮娥　仙

○支ー　𩒐　胲　輔車　左　頭　頂　禿　節ー　骨　代　指　爪　唾　咤　嘘

開　顋　也　門　舌　泉　朱門　条　皀　陰　髮　精　脈　行　翅　翰　毛

角　液　奔　腴　跟　甲ー　爪　呼吸　權　骨　節　醫

○態ー　司　當　搆　尸　主　鐘　陰　敬　慎　務　式　書　修　直　摯　文　孟

理　劉　藤　繕　田　齎　尚　衷　裝　緤　杖　突　擣　撞　左　鐘

圯壌塊匈墳塚冢塚辻通次泮塘堤阪

潰埋椿垣栓泄

時〻月正朔晦霜夙晨霄宿年世

霾雨霆戊己

氣〻官人圏價僨使都〻都関奴兵夫

客作児鶴鵃鶇燕鶩鰤蛄甲螺子鷓鸊塢

廛居同　強顔ツレナシ　綢繆チウビウ　長久チヤウキウ　偷盗チウタウ　頂戴チヤウダイ　細々チリヒヂ　打擲チヤウチヤク　謂言意相合布當興之

負

友善也
史記

ツ

乾ー　釣臺ツリドノ　檻同　土暈ツチツキ并　ツキノヒカリ　旋風ツジカゼ　折風同　颻同　飈同　慓同　盤折ツヅラオリ　文　白文集

牙折同　文　束柱ツカバシラ　短柱同　椿同　橛同　垣ツイガキ　築山ツキヤマ　築地ツイヂ　堺同　构ツイガキ　牏ツイヂ　ツイタチ

金石ツミイシ　鏈ツメイシ　矴同　碣ツナイシ　ツミ石　角ツノ　巴トモヘ　幽地ツイヘタリ　水　津　積ツミイシ　文　壚ツチクレ　窖ツチグラ　庫ツハモノグラ　佃ツクダ　町田ツボタ

（28オ）

虚一一 錚 梠 縮 散 塵 埃 䍐 私 小 些 停 遠 碎

複一一 茅 葉 破 知音 道 平 経 中 夫和 分庸 盃 羽 破 忠 節 賞 請 勲

角力 蟄居 弥 財 事 物 室 重 地 利子 躇踏 偏人 盛 寿 巣 直 務 納

惆悵 文 遅々 遅 弥 注 進 文 眤 近 負 踟 蹰 文 躊 躇 文 沈 酔 面 酩 酊 尚

塵 多 脚 止 忠言逆耳 孔子曰良薬苦於口而利於病一一一於耳 永行 馬 賊 齷 齪 文

衢 街 衢 趨 文 落 去 祭 倍 沈淪 塵泥 塵 塵 塵端 塵 納

茶（チヤ）埦（ワン）磨（ウス）巾（キン）　杯（ツキ）盞（セン）見 同　耳（チキリ）付　挑燈（チヤウチン）　軸（チク）　鍮石（チウシヤク）　縢（チキリ）　力車（チカラクルマ）　楪（チヤツ）　韂（チカラカハ）　靻　靻 同

逆月　斬 同　逆 同　靻　注文（チウモン）　著到（チヤクタウ）　長講（チヤウケイ）　八丈（ハタ）　打板（チヤウハン）　鉦 同　負能（チヤウノウ）　或飯　非也　令　矢

沈金（チンキン）　鋌尾（チヤウノシ）　矢金又　苦又

光ーー　千入（チシホ）　血流（チナカレ）　漂杵（タヽヨハスキネヲ）　千炮（チハウ）　尚

數ーー　千齒破（チハヤフル）　千葉破 同　千磐破 同　千〃（チヽ）　千尋（チイロ）　丈（チヤウ）　十尺

一丈六尺（イチヂヤウロクシヤク）坐　壽（チウ）　千鳥（チトリ）　重三（チウサン）〃墨　千田（チメ）　世（チト）　且千（チバカリ）

持(チ)　碁　捏(チキル)　賃(チカラヒル)(チン)　天　逐電(チクテン)　笑衛(チリノミチキノミチ)　醫　致仕(チシ)　礼　致事(同)　礼　大夫七十致所掌之事於君而告老

掃尓(チリハラフ)(チリホンソ)　盂　契(チキル)　因(チナム)　約束(チキル)　日　勅許(チヨクキヨ)

生｜｜　蜘蛛(チ)(チヽウ)　ヂヽミ　花(ラハ)　榛(チサノキ)　茅(チ)　チクサ　稚(チ)　海藻(カイサウ)　茉(チミヤ)　莒(同)　毛　茶(チヤ)　長春(チヤウシユン)

地狗皮(チコウヒ)

食｜｜　角黍(チマキ)　粽(同)　千巻(同)　糉子(同)　中酒(チウシユ)　神衣(チハヤ)　襅(同)　長絹(チヤウケン)　直綴(チキトツ)

器｜｜　著鐸矛(チハヤノホコ)　定拵(チヤウホコ)　沈香(チンカウ)　沈麦(チンノホタ)　沈麝(チンミヤ)　剔紅(チツコウ)　丝傳(チンテン)　タミルケツル　葛胄　天竺ニ傳

知識 見 中人 中間 紂 商之 聖 曺子 一長也尚 嫡 君 正 儔 聽 呼 稚 幼

張里 公ハ之 文 長夫 円 張思 荼 師 蚕 鴝 鴆 毒 大 畜 六 魑 ー 魅 鮑 鯏 円

條魚 荘 豸 多足 玉ヤ 鱐 鯛

支ー 姊房 乳 腹 脈 血 膓 胃 痔 瘡 疣 脉 絟絡 円

態ー 智恵 知 忠 節 恕 親戚 尚 櫻 亭 尚 促 没 眠 逼 塞 仲 文 尚

父命 仲 盟 左 軟 左 夫 偏 擔 円 鑄 旋 円 揎 円 搞 鋰 天 姦 天 仲 媒 釁 左 孟 種

(26オ)

京兆　退仙傳　心匝　鍛錬　太早計　莊一郎　心是也

チ

乾—　地平天成　尚書　右　鎮星　散成　虹　地門　地振動　地下　地室　天—

亭　町　田路　磐　岐　阡　塵　埓　陣　陳　地盤

時—　晝　夜　仲呂　唐四　適時　天　中古　文

氣—　朕　秦始皇廿六年始為天子之稱　天　秀　父　毛　衷　親　毛　娜　地頭　知人

倘々　盤桓　徘徊　朧月夜　還巡　遷延　不悉　躊躇　闡達
遏密　八音　趾行　高紐　无手搏　无別　辛苦　随心　容易　窄籠
雄健　魁悟　崢嶸山　可中　決々　靉靆　雲々　崔嵬　崔嵬　嶁嶫
滄瀁　將々　猶豫　帶木　垂拱　卒倫　窘衣　誰何　息散
俺散　直饒　嚮使　如使　莭斯　渠悦　耽樂　過示　垂伏
民君　倒唾　原夫　左右　爽侮　徒債　誕生　對悍

祗蠹短高阜憔切耐去怠直徑本様澹湯匹

流與具仮循縦時暫便俚状迄停浸尹庭帛

依嫋徒寓飛塵埃斕湍誰翅詳縦闌

複ー大安躰都儀卒然打室芝栖隨地岸破徑蹈

馱衢巧言令色洋々澹々淡々湑淡妖言婀娜跳躬

嬋娟便娟踟躕佗々姫姹要紹徒倚寸歩彳亍彷徨

錚酕駞猖遊　剃刀　帖紙　簞　短檠　團雪　東　湯婆　同

光　儂繪　炷香　炬　燒火　焼　燃　丹脣　東

數　一台　星　三千　二親　三衣　一起　弓　万　打成一片　黨　五百家　白一　端　絹　俵　枚

段　町　田　尺　悼　七年　日一与　旄　雖有罪不加刑　礼　哀悼　惨愛也

虚　一平成　尚　夷　毛　砥　立　撓　天　撲　皂　下　太　怢　星　解　爽　僭　回　斑　毛　尚　左

倖僥　造　擇　霤　雅　奄　快　逞　論　遁　倫　汝　委　但　唯　只　且

器
寳才賄責珠珪琳璧盌環璫冕霙雲

玉札玉章玉女題湯盞湯瓶樽棰大鼓黄禄檮杌

繦緩襜表臺杁條暇韈韝干柵楯破刀太刀

欛劒莖鐔鞞韜遞蛸手戔筒纖卯箋箪

笄巾盥舟艤艤棚鏨鈔錯鑪鑄檮蹈鞴館鐸

罏榜繩棚舡小舟杆櫃道莟續松松明壽蹋鐇

生一　唐棣花(タウテイノハナ)　橘(タチハナ)毛　櫑(円)　梅(タラ)櫻　榴(タテヤシ)　翳(タマヒキ)　竹(タケ)　竹林(タカハラ)　篁(タカムラ)　笋(タカンナ)

菘蕢(円)(タイリウスヰウ)弁　蘿蔔(タイコン)　大根(円)　神馬藻(タハラ)　蓼(タテ)　蘖(タノミ)　壇(タン)　栴檀樹(センタン)(タカラノヤウ)論

唐芋(タウノイモ)　断腸草(タンチヤウ)豔　芙蓉上　諸陀樹　實最甘也　大樹陰車五百両並也

食一　臺飯(タイハン)　豆腐(タウフ)　唐布(円)　白壁(円)　濁醪(タクラウ)　陶砂(タウサ)　蓼水(タヽミ)文

團子(タンコ)　團(タン)供　聖天　衫(タモト)　經(タテ)絲布　帩　帑(タレヌノ)　手巾(タナコイ)　太布(タフ)　襪(タヒ)　蹈皮(円)　蔽衣(タフサキ)私(円)

俗衣(円)　商布(タウサキ)　襌(円)　袷(円)　幃(タレヌノ)　鐸(円)　秘(タテヽ)薬茶醫　辣(タヽセヌ)　袢(ヨタテ)　絡(コスキ)　纜(タツナ)　轡(円)馬紲也　繮(円)

逹 尋 寄 答 拜 歎 叩 敲 鬪 戰 單 痛 扶 撥 直

禱 操 馮 賴 恃 員 欠 乏 倍 増 騎 權 慿 耕 助

弼 輔 賛 秉 槃 樂 穣 斃 儺 復 魂 疊 揲 植 髮

旅 濃 畫 抵 元 感 暑 耩 抗 况 困 危 替 乇 道 敎

打 眡 打 團 擲 打 膳 燒 炷 香 徳 膓 淋 歷 沈 重 倦

忍 取 見 見 兕

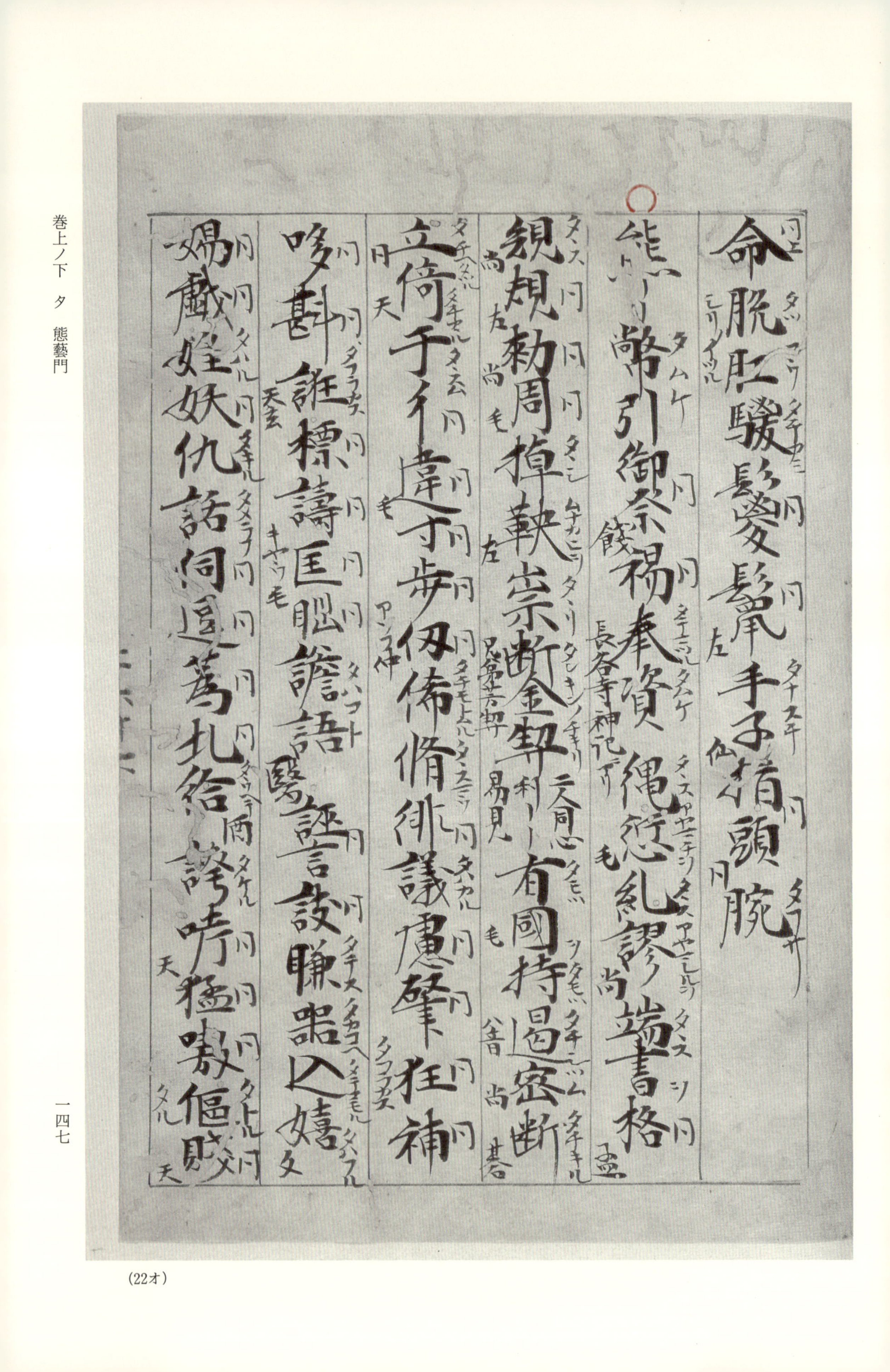

命脘肛驋鬘鬛手子捐頭腕

態幣引御祭裼奉資縄懲紀謬端書格

親規勅周掉鞅宗断金契有國持遏密断

立倚手彳違寸安仞偁脩徘議慮肇狂補

哆斟誑標譸匡腦譫語臋誣言詖賺嚚叺嬉

媚戯婬妖仇話伺遏蕩扎給謗嘮猛嗷偪賊

賓客　旅客　風流士　博士　蕩子　遊女　嬋娟　女子　弱女人

婦人　婦僊　嫋女　婷女　参　凡俗　當腹　他ノ侍　鷹

田鶴　鸖　鶏　鴇　鵯　駄　狸　羍　羔　猘　獏狗　鯛

能　鱈　蛸子　螻　蛆蛇　螭　蜱　鰂　鰽　鵃　蟷螂　織女

亀　蜥　鷹　将　匠　万尋　蠖　大鵬

支ノ　長短　長大　継　痰　膽　踏　掌　腕　腨　膜　眸　塊

棼棚　店　轄　壇　田獸　衢　阡陌　北　潭　當下　峡　峡　峙

嵠　岳　巚　嵩　唐土　地　澗　溪　谷　渭　渟　涔　湰　湍　磴

大清　天也　東　譎居　郵所　茶所　山寺　所也

時　大嘗會　踏歌　旦暮　旦夕　辰　在日　太歳　大簇　大呂

彈指　早　佗宿　暮前夜

氣　道神　當今　胎羅　血根　父母　親　垂乳根　大名

贈答 素髪 瓠属 降 俊廉 替骨 損益 徳 之 昔

其須 負黒 利鬼 率尓 横陳 噂詮 俉昂 鏃續

イラヌル　ミハカヌ文　ニリウコト玉眉ナル体

タ

乾坤 巽 兌 大内 内裏 端門殿 達智門 闈門 観

ニ三　三ミ　閣月王居　也

虚堂 楼門 對屋 館 畳 宅 宸 堂 塔 塔頭 且 遍 桷 椽

也　ノ姿　左　門

○數ーー若干ソコハク　ーー層ソウソウ カサナル　ーー倅 重ーソウ 百人 日ー

○虚ーー忽ソコ 同　坐 侍　ーー嫋 同　ーー霸 同　ーー諂 同　ーー敝 同　ーー閙 同　ーー楚 同　ーー佰 同　ーー傍 同　ーー峙 同　ーー揖 同　ーー竦 同　ーー側 同 文

頗殆ソヒフル ソヒク 同　ーー徉 仲　ーー加ソヘモノ 毛　ーー下底ソコ 同　ーー壘 同 左　ーー罹ソシ　ーー嗜ソメ　ーー催ソヽクル　ーー纎ソヒヤカ　ーー戰ソヨメク 天　ーー灰ソソク 東ノ 洒也 義也　ーー反ソル 刀

ーー弩ソル 文　ーー弓　ーー俏 子　ーー凋ソルミ　ーー膝ソリミナル 身　ーー共ソナヘ 毛 同　ーー撰 論　ーー抑ソモ〳〵 意也 寃也 擯也 擬也 疑辟也 發語辞也　ーー反　ーー庚　ーー擯　ーー中 同 同

○複ーー即位ソクヰ 尚 事持魁　ーー聰明ソウメイ 同　ーー殂落ソラク 同 死　ーー軀 スカタ　ーー鹽　ーー驚破ソヤ サレヤ　ーー悤　ーー空ソラ〳〵シ

虚言ソラコト　ーー然　ーー矮　ーー頓ソハサミ　ーー側ソハタツ　ーー疎ソカン　ーー間　遠　ーー拔　ーー剌ソヒル 文　ーー急ソウゲキ　ーー劇　ーー冊　ーー角　ーー鹿　未處　有城

(20オ)

○生ー　𣜿木　杣　棱　蒴藋　鼠尾草　蒴藋　續隨子

十日菊　黄菊　柧

○食ー　飡　食　増水　糊　麨　香圖　袖止　素消

○器ー　樽　酒同　輻　邉　文　征矢　緌　燭　剪梃　曲鞘　觸杖

觸楠　即阜　大爵

○光ー　素絹　染文

其寧翁率　所律切　鶻方　西騤駬　文

古人ーー素髪紙　文　鬆　毛　甬腹疽陰頬膝膞肭　ハラ　學

能ーー生孝　存尤　舟　左同　跳汰嗪側　長傳　文　胥峙　杖　訟訛間謗　孟

刺譽無損殘　ヤス毛　侈殘丹戕發果當左屋　尚　左　左

具備峙閲㖦咕傷落漠憎忙糙仄閲負命　仲　天　仲　白　史

畔反道易頂惜　花　古　嚅備背膚塞　尚　尚　碁　原　旦

（19オ）

ソ

乹ー　天　空　穹　霄　宗廟　反字　峙　輪橋　底　添雨

當　不底　脊面　外面　杣山　傍　藪林　僧廁　園　囿　苑

率土　塞　邊ー

時ー　當初　當時　往古　蔟　太ー　惡寒　醫酉　折

氣ー　尊卑　僧侶　孫　祖　宗　祖考　父　揔領　庶子　族類

虚　浅深　浅近 左　狭隘　褊陋　世流布　詮責事 快言

複　昇殿 進　霞　證明 文　攙　舌端 文　赤面　清撰 闇緘　小心　世間 諂上　路口

折角 前漢元帝召諸易家論其同異五鹿充宗吐弁言之諸儒莫抗召朱雲入論連挫五鹿言諸儒語曰五鹿嶽々朱雲折其角　蕭條　屣索　瑟瑟　先進　遼生官　覲途輩

折檻　切堪　勝計 負 労事　餉頓　世々　殺生 殺害　稱美 名誉 嘆

照覧 文　勢 騈　接待　乗輿物 馬輿　勢揮 力　詮要　先蹤 立 覲剋

説話 苦　逝去　精彩

○器ー 銑(セン) 鎚(セツイ) 又 僭(セニツキ) 青鳧(セイフ) 銭名 青銅(セイトウ) 上 仙身銅(センシントウ) 綫(セン) 壇 四方 八丁

青奴(セイヌ) 竹夫人言庚以竹如亘ー背者依佐身日ーー 乗(セウ) 晋史 左 煎盤(センバン) 脊械(セカイ) 紙銭(セニカク) 祭具

舩廻(セカイ) 焼香(セウカウ) 犀皮(セイヒ) 杉皮 切羽(セツハ) 鎺

○光ー 照爛(セウラン テリミトレ) 又 青犢(セイリ) 盗

○數ー 千變万化(センヘンバンクハ) 千載一遇(センサイイチグウ) 仲 千狐一腋(センコイチエキ) 隻(セキ) 一 七千 万 升(セウ)

數十合 爲ー 千駄櫃(センタニツ)

令使(セシムル)　教(同)　疝氣(センキ)　喘息(ゼンソク)疾　世話(セワ)俗言　逍遥(セウヨウ)(ヨロコビアソブ)(タノシム)　促徴(セメハタル)　急責(同)

成敗(セイハイ)負ノ　消息(セウソク)文　潮熱(セキアカリヤ)(アツカハシ)醫　譲(セムル)責ノ盃　清廉(セイレン)　製作(セイサク)詩歌文才

生ノ　旋覆花(センフクケ)異名ニ醫　仙蓼子(センレウシ)　仙翁花(センヲウケ)　石菖蒲(セキシヤウフ)　石斛(セキコク)　芹(セリ)

仙芎(センキウ)　貫衆(センニイ)醫　松婦(セウト)　姻妹(インニイ)東　松為婦　弁為妹　栴檀(センダン)

食ノ　赤飯(セキハン)　煎米(センベイ)　松露(セウロ)　羨(カン)　繊羅蔔(センロフ)　芹焼(セリヤキ)

精好(セイカウ)　氈(セン)

鶺鴒（セキレイ）鶚（セキ）七月　鳴ー　毛　春鳥（セニコ）梟　馬　蟬蛻（セミノモヌケ）蜩（同）　娃蟬（セミ）　禪門（ゼンモン）ー学　蛸（セイ）ーー　前板（センバン）ー堂や

石隆子（セイ）西板（セイバン）堂　ヤ　西堂（セイダウ）羨仕（セウジ）

支ー　性（セイ）ー氣　心ー　情（セイ）生長（セイチヤウ）貞　癬（セミヤカ）天　脊（セナカ）瘻（同）惟悴（セウスイ）臍（セホゾ）綾（セイヒキ）

偪側（セクヽニル）ト

態ー　為（セニン）上ヤ　危（セニン）為　石（カウヤ）僉議（センキ）喩嚙（セカム）很（セメク）閲（同）徴（セムル）數（同）攻（同）責（同）傅（同）人　気毛　左　左

制（セムル）偪（同）逼（セメトル）促（同）迫（セムル）逼（同）掇（セムル）魁（セムル）已勢（セイソロヘ）揃　約（セメテ）構（セン）塞（同）小　左　基　論　論

乾〻
仙洞（セントウ）　潺湲（センエン）　淛川（セキセン）州　節所（セツショ）難所　西浄（セイジヤウ）　脊戸（セト）　泉水（センスイ）

仙宮（センキウ）　仙崫（センクツ）　棲梲（セイセツ）論　果上柱　関（セキ）　昭堂（セウダウ）　昭穆（セウボク）七廟也　列也

時〻
節分（セツブン）季會　迫洗（セツセン）　始也　世代（セイダイ）也　卅年　日　霽（セイ）月　制吒羅（セイタラ）天正

逝瑟吒天三　刹那（セツナ）

氣〻
彗星（セイセイ）ハヽキボシ　聖賢（セイケン）　仙人（センニン）　姓俗（セイゾク）氏也　客　禅宗（ゼンシウ）　世度卑（セトヒ）麻　烈卒（イセコ）

鷹以下狩士
雪窓（セツソウ）　僧　蒸（セウ）泉也　上民　石虎（セキコ）　象　勇士（セウシ）　兄妹（セウト）月　戚（セキ）親　妾（セウ）妻　佞　鴟鴞（セウセウ）

（16オ）

不作　不容　絡　不毀　不名目　不敢　據　不仁　不寄　不越

不昧氣　不羈　不欄　礼　不懦　不着　左　不弔　左　不迷　尚　不周　叢　不集　尚

不皇哉　不齊　不肯　未落居　駢　過勝　不行　丙　販　透間

石原　冷氣　隨　遂　喜身　分　無意　透逸　迷　不臥席　醫　月　不安席　月

樞鍵　負肩　盃

升

虚〻　勝スクル　速〻スカノ〻　挑スコシ　信同　偽同　透スノ　入風スキ　迮スホル　窄スホルセハシ　卒スロ　衝同　動同

蔓スロ　遠スチカヘ　得　強スクム　唄スハ　健スクヤカナルト同　尖　岌同　尖スコシ　清同　栖スコモチカシ　侄スミ　艆スキカヘ　生スミ　諸スミメヤ

既スミ　巳同　乾スサム　阜凡　雨　頗スコフル　須スヘカラク　過スキタリ同ヘミ　浮尚　愉スキ　適イヌ　萬尚スタル　替左　廢同　苦スミ　月　澄同　水

通遠スチカヘ　軟車スヽロ　通明スキトヲル　醫

複〻　瑞相スイサウ　漸スヽミアツマル　包尚　衝スヽミヒリツク　討　湛同　澡鬢タヒレキト　粛スム　客カクツ　参スム礼　薦キツニ　鳥尚スヘナキ　傈　合　万

堅〻スクヽ　台スヤ　息ヒコト　宿世スクセ　筵　口スノキツ　死スレウ　子スハカラ　非尚　靖同　不測スタヽ　非常ヒトイフ　之人スケモカラ　不怪

囧州（スヒウ　スエル味也）僧室 士如之 寒国人樿之　像（スキ）帯　角帽子（スミカワシ）生（スヽシ）䱇（スルメ）味（スヱル）

罨ーー 速香（スカウ）炭（スミ）銘（スミカキ）火　煨（スミガシラ）夫　陶（スヘモノ）鐵鈲（スミカキ）炭斗（スミトリ）唐以斧如草作 旨者依佐身曰　ーート

差肩（スミコ）碓（スリウス）磨（スリウス）円　摺皷（スリツヽミ）鋤（スキ）円　氽　摺糊盆（スリコハチ）蒼復（スケノヽメ）墨斗（スツホ）天　左

墨怤（スミサヒ）研木（スリコキ）透行（スキケ）

光ーー 墨白（スミ　スサミ）裾紺（スソコ）蒼（スケクリ）明浄（ツヤカ　スキトヲル）瑩徹（スキトヲル）

數ーー 數多（スタ）寸陰（スンイン）細廾（スコシ）円　編廾（スノマネ）文　雙六（スゴロク）多集（スタク）虫　言廾（スギムル）文

生ー　杉(スギ)　榴(円)　蘇芳(スワウ)　李(スモヽ)　楉(スハヘ)　楚(円)　氣條(スハヘ)詩　水仙花(スイセンクハ)　醉楊妃(スイヤウヒ)菊名

水苔(スノリ)　酸漿草(スイモノクサ)醫　菁草(スキナ)　薄(スヽキ)　芊(円)　菅(スゲ)　莎(円)　天門冬(スミウ?)　目慈草(円)

酸醬子(スヽメフエ)梅ニ枝付虫家形如雀卵唐大也　荵苳(スイカツラ)　蕪(円)　菫(スミレ)　蘼末(スミイネ?)

食ーー　水蟾(スイセン)　水團(スイトン)　酥(ス)　酸(スヽ)　楚(ス スヽ)梅　醥(スサケ)　酢蘿蔔(スロフ)　鮨(スシ)　鮓(円)　鯣(円)

餞(円)　水干(スイカン)　裩(スヽモヽ)　褌(円)　素羅(スロ)　篠懸(スヽカケ)山伏　條懸(円)　單襖(スワウ)

(14オ)

撮洗 尚 枝 攄 縄左 倚 同 扶 扶 鎚 同 纏 罵 蜘系 累 態 同 天 果 為 事 文 丈

偖 見 濟 儲 同 救 同 碾 茶 磨 同 玉石 摺 同 衣 濯 愛 手 蕩 同 尚 瀉 悪人

遮 眯 天 騒 天 仁 勝 衆人 集 制 同 夭嬌 文 戀 其藝 尚 竿 施 署 同 文 韋 田

麩 稃 同 麩 烙 同 誰 僞 同 墻 遣 同 尖 辞 碁 位 王 渟 路 径 大日 研 塗 道 蹈 同

滑 同 釋 尚 捨 同 弃 同 指 同 不言 尚 未獲 同 獵 栖 住 家 不識 數寄

所執 推 糸條 量察 峯 不可 不肯 同 吹嘘 不辞 唆 相撲

雀(スヽメ) 鵁(スノコ) 瑕(スモリ) 㲉(同) 騶虞(スウグ)馬類也是義獣也 毛詩 麛子(スカル) 鱸(スヽキ) 鯖(同) 鰕(スハシリ) 鯷(同) 蚕(スヽムシ)

鈴虫(同) 侍従(同) 生黄(スワウ) 見螾(カイ)(スノモヌケ) 壷(スタミ) 強者(スチモノ) 爵(スヽメ) 鶬蟟巣於蚊睫大 鵬翔於天隅文

鷦鷯巣於深林不過一枝 偃鼠飲於黄河不過満腹 偃鼠獣有大小得足三脚耳如象

支ー
容(スカタ) 窨(同) 姿(同) 要(同) 髄(スイ) 髄骨 肛(スツホマ) 肕(スマタ) 肹(同) 掃眉(スミヒキ) 涕出(スハナ)(スハナ 天)

筋(スチ) 徒(ス) 膚(スハタ) 跣(スアシ) 臑(スネ) 陣(スチハリ) 裹擘(スイヘイ) 筋轉(スチモチリ) 醫

態ー
上上(スヽムカミ) 進(スヽム) 軸(同) 生(同) 御(スヽメ) 王 勧(スヽム) 垂跡(スイシヤク) 薦(スヽム) 差(同) 付(同) 瞰(スカム)

乾ー水晶洲砂洲劃砦爐煤埃灰竈

隅角楯棲栖雛宿薄徑巣斜道

時ー霙雹霏冷涼白肚凄蕤賓所執

數刻年日月

氣ー皇昴星師兄帥伶伎随兵蒭蒐水手

尋常　文　正濫　身句　強酒　盃　鮮胸　思惟　度　慕慮　至極　要宿　業障　執足　繪意　心

内足　外顕　繩線　為間入　眼混　陀毋御　梵麗上　手　鬼戸　閑膩　意見　上覧　進入　退

出仕　頭家　物入　纖　纖森　從横　者　加之　加以　勑免　私用　生涯　負　得

前負　知論　質朴　常　偏　象外　順縁　住　綽約　文　蹤跡　師傳

趣向　實　要否　儀犯　出入　起居　尚　至德　要道　震動　悚慴

失墜　却　念錯　押文　周備　秀色　帶縣　盡夫　要　署

泣涙　仙滴　瀝　治　章
複ー　社稷　礼儀　若歓　智古　佗撲　神通力　慮道　変託　尚　罰因果感徳事職　負　指南
夙夜　習出　仕物　頭入　自由　佗在　用證　得分　力身　科然　餘閑　打　白癡　錣歷　合
且堅　兵射　健射　融通　捷撃　自在　撲辟　鼻
差異　數妙　白若　神妙　食喫　使者　差別　把極　回官人
順儀　逆次　参差　熟根　自業自得　差路　私欲　邪曜

十刹　秭　千億也風俗通曰千生万ゝ生億ゝ生兆ゝ生京ゝ生秭ゝ生垓ゝ生壌ゝ生溝ゝ生澗ゝ生正ゝ生載ゝ所不　銖錙　一両　四絫　一銖一絫　少ゝ両也

十条坊ゝ　玉ゝ　錙　四壁

虚ゝ　報影　鬢　森　棟　職　品　料　咪　忘　塞　重　璽

徽　滌　緇　牙　華　萋　凋　彫　石　碕　碑　遅　孀　而　利

佩　飾　茂　緩　澀　塞　賊　縮　巻　及　稿　健　滌　身

姑　作　嫡　命　連　荐　併　并　序　質　敍

（11オ）

柴點　赤貧　盗　白賊　白波谷隠　仍曰ー　鼴　燭龍　神人　不灯　文所作　蒸人器

米汁　月　軽粉　月　白礬　石　セキ　月

數ー　七五三　十哲　十人　孔門　論　七十二子　四書　大　中　論孟　四方　東南西北　四大寺　東大　興福　延暦　園城

四恩　君　父母　天地　衆生　次第　弱冠　廿　礼　卌　四十　先立切　伊尹　鄭玄七尺　安国八尺　尺寸　八寸　咫尺　日咫

四囲　射　論　五善　四稜　蹈地　四至　脂燭　一寸　即題　詠歌　四韻　八句

赤三　未四　又六　塞　任心　菜　衣　品　科　種　類　子　員　度　計　累　且　千　二百　星　七夕　文

鍼針　清器　虎子　春秋（魯史　左傳）　蹴鞠　車渠　赤熊（曽）

紅鉄（曹）　丈（長丈二尺）　裳飾　支證　簇（洗衣）　修羅（大石引木也　大石帝尺二）

（金乃兵具也）（用井也）（カリナ云也）

脊力（鬐）　鞦韆　舟車（尼）　輴（山尚）　檦　宿紙　嘍　錫杖（上下）（大谷縦立唐字）

鞦　蛇皮　手跡

光　白（円）　白素　珠　皙　白舎　皤　潤色（文）　朱砂　紙炮

灼爍　白髪　斑　雜　騾　鍊　白皙　紙燭　脂燭　色代

（10オ）

褌　下襲　纓　襪文　潤衣　忘ヽ　卸後　泔漿　餳糖　湿衣　醫　十八年　日　醫

手巾　椅衾　紙帳　立

罷ーー　笏　笙　箏　簧　捏　鞦　鎖　鐶　傷編　念珠　首尾

三井寺　輪鼓て　時持て　竹篦　鉦鼓　征鼓　揭　鞦　鞘　鞍　鞦　掏　帷裳

鞦　鞦韆　鞍　角代　阜　酒海　旬　樽　尚　褥　菌　矢頭　楉

拄杖　衎　質　尻　龍　賤　小手巻　笊　芝　車　後　鞦　杓子

生ー新羅松 名五葉 獨搖 楊 椒 棧櫚 石楠草 枳實

息炎 同上 枳椇 擇櫨 茱 細辛 篠 唐 無 紫菀 菖蒲

芝 蒪 落羊 塼 卜地 蔓麦 枇 栗 尚 垣衣 獮猴桃 羊蹄

或羊蹄菜 和名又董 蓍 亭 齒朶 矢多

食ーー 塩 囤 鮎 鹹 醯 鹹囤 尚 礼 糕 咜 飧 粢 食 不鑑 左 精 浣

熟柿 漿粉 辛茄 笋干 前同字 糯子 紗 紫甲 青甲 素裳

倢跲 倚 黜退 什遂 逕 失錯 振旅 墜座

爪痺 知陵 識 隙 咳 欬 礑 誕 噂 咤 吒 指 栫 棠

類思 陵 支 配 證 品 王 思慮 斟酌 観 後言 如在

秵假 血族 復 倫 是非 相賀 真偽 併 雑 請暇 摒

骉儛 蹀躪 滲 蹔 足 宿忌 寶名 爾 穢 手談

執筆 式

業障　諸寿　周章　誣枉　据　餝　認　摳　信　截

行効　験　兆　覈　俊　呵　淋漓　醲　毛　溉　沽　没　沈

汚衣　搆乳　湊　浚　酒　役　後　雕　承　泓　述　脩　如恵　社　敷

隨順　服　卑　性　恵　由　遁　吉　従　逆　必　惟　影響　音　除　入　香　卜

縮　執　人　道　儒教　学　征　徴　琴　調　蜜　軀　親　僉　愈　信　範

殿　郡國　靖　人　示見　知　陵　灾　猴　尽　寛　寛　面　傳

虵觧鵝鶻鵓泰婚皇帝羆沙門首座阿翁

周后稷泰伯文王武王小羸子 貝

支ノ 色弟舌臂殊管肉理完傾 肉 尸痺指似臆 左文

屎尿瘤毿 鳥 授搗顴珊蛛 舌 喃々雀乗膚 口

僃眼 仏

態ノ 秀逸將来 左 話詢詩自讃慢嘆 称制 上手為 中序 有之

史（シ）　太所司代（シヨシダイ）　知音（シイン）　修造司（シユサウス）　知客（シカ）　上副寺（シヤウフウス）　聖僧侍者（シヤウソウシシヤ）

淨頭（シンチウ）　直歳（シツスイ）　巡山（シユンサン）　侍真（シシン）　時衆（シシユ）　侲子（シンシ）　侏儒（シユシユ）　匠人（シヤウニン）　賤士（シツシ）　文　士ー

賤男（シツノヲ）　婢女（シツノメ）　男子　卑女（シツノメ）　万　仕丁（シチヤウ）ツカイヨコロ　卒（シユツ）　隷　唱門師　打鉦鼓　舞拳師

鷓鴣（シヤコ）　鸕鷀（シマドリ）　鶺々　鴫（シギ）　鶇（シナイ）　鵐（シトド）　梟（シウ）　鵄　白王ノ　鳲鳩　吻（シ）　獅子（シヽ）殺人　壯夫吐　一孔穀獸事……

厮（シ）　鹿（シカ）　豕（シ）　猪　女　氣食下アン　駟（シ）　猩々（シヤウ〳〵）　狌　同字　麝香（シヤカウ）　麗　鮪（シビ）　鮹（シ）　同　蜆貝（シヽミカイ）

蟋蟀（シツシユツ）　火中　天　斯螽（シ）　紙魚（シミ）　同　蟬（シ）　同　衣魚（シミ）　杜魚（シ）　同　上　鰺（シカ〳〵）　ト　鱪（シイラ）

歳 頁 項 年 朏 月初 日出 卯時 入 酉時 南映 午時ノ未時 食時 辰時 人定 亥時 上世 上代 時刻 上五七

魁 正 閏 史記曰黄帝起消息正餘 又孔安国説多 室羅伐拏 五天 獸生益 馬十二月 日 荃冊 月

須臾 早

虎七月 鹿六月 猿五月 象四月 犬三月 生之

氣 神 神明 神祇 釋迦 佛 彜 聖人 上人 師匠 師範 月

師 弟 儒者 主從 從者 嬬 母 日 孃 母 稱 親父 親 父 肥 將帥 進士

守 太 叔父 叔季 淑女 姑 眞言宗 聖道 淨土宗 俊傑 人

書院　蔀　寢所　舎　庠　城　助枝　棧　森　嶋　姒井

澁滑　洲　滋　滴　濕氣　湿　柵　壟　羅　道　草木

枝折　道　穽　冥山　鴟　霖　時雨　霜　後　颶

磁石　山　金鐵　歷蜀　羼　礎　礒　嶋

時正　人日　旬　皦　條　瞻　曉　暑　極寒　師走　臘　除

霜月　暢月　小時　雨　旦　閭　史　蝕　褐　風　夜　時節

（6オ）

熏々　伶俜　流離　𦝫腰　宰判　再拜　騒動　耳語　徐行々

介氣才　䡧覺　藝人　細々　細工　沙汰　倒戈　折獄　扙注　前世　論　文

往還　從佗　叫呼　醫　散供　再拜　沈吟　遊　不定

門

乾々　神殿　社　祠　宮　日域　三ヒカシ　震旦　坤　人門　大内　仁壽殿　寢殿

粲然　神性　不祥　佐見事　左爲左道　左氣　左遷

徙庭　莫不記　錯乱　参　内賀仕拜社論入　上中後前　科業　會佐叩懃服　宧　下愛祁　罪障

造意　次　作文　旱雨　潢々　位　差異　指行　閑戸　投戈　蓋傘

指撝　倒植　逆手　士　雑　誅　言　臓物　催促　相生　遠　尅　杯行　文

見羈　孤獨　寂寞　惏慄　愴悽　倭傀　散々　挾人　尚

座牌　尓程　際限　掃除　蹉跎　彬々　颯纙　參差　有繋

虚ー　福雄搽逈徼慮饘爽星鼞敷胺霔明顯

清亮冷颩吻哏利睽葜佇行副贈寂

嗲颷遒雅擗悖逆沂下紛盛煽甘從世養

慵訴全堅風風風

複ー　壯觀擢謳草創捧物割符長省薩蔚翡翠

兵車ー上作櫓
如巣望敵障
左

指賀サスカ　倅俎サケシ　櫂サヲヒ　日出施ー撒杷月
又棹樺月
除書云ー之

光ー　彩徵サイチ イロキヒシ　文　交盧サキチヤウ　爆月　乖　錐サヒ　精月　鉛月　將月　纖　和　鉀月水　天　銹サヒ　鴾毛ツキケ

宿鴾毛サヒツキケ　左義長サキチヤウ　言左仏右外道義也
放火燒右張左仏法
故法成就未来義ニ
白脆サレテ　醫

數ー　三千人サン　徒　门　三墳サンフン　書　尚　三皇　伏　三皇　神　黄　三才サイ　天　地　人　三界カイ　五月サツキ

再拜サイ　三十サンシフ　三伏フクノ　季夏庚辛日　立秋ニ後日合　切サイ　衆サシノソク　半面　再往　入　三　一サモアスヘアレ　一切サヤニ　アニヨ夫

牡サツ　三十日　戈サホ　九旬　十五　三更サヨフクル　三代サンタイ　周　夏殷　三眠柳リウ　漢庭有柳　日三起眠　東

雜

（4オ）

細軟（サイナン）割出（サイシユツ）酒（サケ）寄生（主進）酒客飯不死則葬于廟後主人来問之客家答曰死附葬所使人主人掘出令頓則對曰三日酔酒之興

罌ー 兕觥（サカツキ）爵（同）盞（同）觶（同）中注 盃（宇致切 同）巵（同）文 釭（同）觚（同）論 觴（同）文 鍾（同）同 猖 尚 樽（サカツキ サカヒサゴ）

槽（サカフネ）玄瓚（サカヒサゴ）茶酌（サシヤク）珊瑚（サンゴ）小弁（サヽヘ）筒 沙羅（サラ）盤（同）皿（同）砂鉢（サハチ）挿頭（サシクシ）長

挾席（サムシロ）質巻（サヤマキ）左右巻（同）傘（サシカサ）真（サネ）甲 礼 槌（サイヅチ）擶（同）筭（サン）笇（同）編木（サヽラ）

簓（サヽラ）簇（同）構（同）搆 榜（サホ）舟（同）竿 釣（同）棹（同）篙（同）文 橈（サホサキ）鞘（サヤ）匝（サウ）念珠 組（サヲ）纚 文

縲草（サヤミ）鞋（サウカイ）草履（サウリ）翣（サウ）喪車 左 荘也 蔡（サイ）白国名也七十二龜也 宗廟上置以鎬備 果也 亀之 黒ノ霊宝也 簺（サイ）博（サウ）単車

生ー　榊(サカキ)　賢木(同)　福草(サキクサ)　幸草(サキクサ)　葛(同)　核仁(サネ)　稼(同)　棘(同)　犀(同)

實(サネ)　櫻(サクラ)　杯(同)　條(サヽ)　荊(サルトリ)　萩(同)　西海子(サイカイシ)　早苗(サナヘ)　大角豆(サヽケ)　猪防(サヽクリ)　已(同)

柴胡(サイコ)　竈(サイカラシ)　山樝木(サンセウ)　遮羅婆羅草　天ニ草葉廣鳥　食ニ化人ニ

畢婆羅草　葉細人食　ニ化成馬

肴ー　酒肴(サケサカナ)　冝(同)　酢(サカス)　砂糖(サタウ)　索麺(サウメン)　索餅(サウヘイ)　糟鶏(サウケイ)　散飯(サハ)

生飯(サハ)　鬼子母　雑水(サフイ)　奴袴(サシヌキ)　差貫(同)　小夜衣(サヨコロモ)　狭衣(サコロモ)　貲布(サヨミ)　細美(同)

(3オ)

懲サヒメリ　衲同　闌　翁　闌サヒ　粛同　福サイハヒ　幸同　福サヒス　陜サミス　戻ーゲ　文　尚　定同　負同　次同　小サイ礼　謀尚サハク　左　索同

囑同　騒同　讚サハカシ　閙同　呻サニヨウ　吟同　醒サヌル　文　叱サイナム　叱同　罵同　詈同　嘹同　左サウ　右サツル　付同　授同　若カナスカナウ　尚カム　左

悖サカフ　悖同　逆同　叫サケフ　讃サン　嘆タン　祭サイ　祀ミ　神　尚　坐サ　禅セン　君サスル　仲　探同　除サユ　与サカル　日　忤同　遠同

遡サクル　捽サク　天　黥サク　かハ　折サク　薪　害キリサク　毛　割サク　サノ酉　刳同　剥ヒ　嘰サクリ　噎同　咽同　天　譟サヘズル　嘻サナム　醵サカナサカヒ　酉

醵サカモリ　賓サカル　仱ナクスラフ同　佇同　天　天　逢同　搜サクル　咬サヘヅル　アナトル　囀同　析サク同　天　肉　悪サカ　雑サカト　礼　開アケ　戸トシ　偃サシノフル

擢サラヘ　漑ニカス　水　舜サケシ　組

雜魚（サコ）　鯖（サハ）（スキ）　蛉（サマリハチ）　虰蛭（サヽリ）　宰領（サイリヤウ）　鰥（サコ）　鷦鷯（サンサヽキ）　霜信（サウシン）鳥名也　似ー　東

○支ーー　梂樶（サイツチ）　頦（カモラ）　咽（サヽリ）　天　鮫肌（サメハタ）　冠（サカ）鳥　毫（サホケ）　駮（サメ）　婿角（サノツノ）　鮭（サケ）　絛（サケノシサヒ）

懸疣（サカリコフヘ）　附寄（サリコフヘ）　莊（アカリコフヘ）同

○態ーー　覺悟（サトル）同　曉（サトル）同　聰（サトシ）　慙（サキ）　愧　雜餉（サツシヤウ）　食也　亘　喩（サトス）同　論　才覺（サイカク）　智能（サイノウ）　藝（ケイ）云辯

私語（サヽメコト）左（サヽメコト）長　啾　同　嚓　同　天　恥（サヤク）　儺言（サカヒコト）　讒　乱　吱　同　賢良　同　哩　同　鏁（サヽラ）　操（サヽコム）　躁（サヽク）

差車（サシヽリツク）文　挿（サシハサム）　衝（サヽヘル）　暑　剌（サヒヤス）　差（サス）　致（サル）　齋（イミニサス）　磢　斜（サシニ）　麆　尚毛　左　祚　支參（サイハヒサンサン）　禅學（サンカク）

時ノ 近曽 頃 嘗 適 晡 申 昨日 夕 晩 同

五月 皐 早苗 月 載 歳 曽 夜 宵 夜 作 相 時

早朝

氣ノ 道祖神 侍 蒼 星 里 旦 月 前 駈 薩 男 五月 男女

五月 田女 擢女 系 門 山谷 鷙 鴿 鶴 鶿 象 豺 狼

猿 猴 狙 麞 犀 鯆 鮫 鮐 鮭 蠑 螺 鼯 鰭

サ

乾神楽　楽浪　泊湘　瀾　漪　消渊阻　磧礒　細石

小礫　石硝　小石礫　磧　小砂　略境　界疆　標封　坂阪　埼

崎　障　界　折數　棧敷　沂　材木　逆木　矢蔵　挾間

疏決　入座　座　座敷　濟ゝ　所ゝ　際目　山荘　別業　墅

里　村　郷　邑　鄉　隰　菅　澤　牟

(1オ)

正慶

巻上ノ下

巻上ノ上　裏表紙見返

爽滋　味　訟近　是山　逍　莅　凝　刹　細擢　磊　放　罪　悉

旣盡　而如　若　降　黎　比　尚　乞　魚希　交　乾　強

競　楨　悉心　見　般

複ー　虚妄　攻衝　閑情　小心　骨帳　亀從　鳴基

偶人　人形　挙足　下足　巨細　会越　補柿　木口　遑躁

阜舉　勤修　太語

紅氷（コウヒヨウ）同ゞ　東

數ーー　五典（テン）帝　書　尚　五輪（リン）地水　火風　空　五常（ジヤウ）仁義　礼智　信　五音（イン）宮商　角徴　羽　五色（シキ）青黄　赤白　黒

五逆（ギヤク）殺父母羅漢　出仏身血破　和合僧　五行　木火　土金　水　五岳　泰衡　嵩花　恒　五季　春夏　土秋　冬　五穀

五覇　五山　京　鎌倉

五節　石（コク）貢　斗（コ）箇数　个　同　雨島（コナタアナタ）逅臣（コミラ）仙臣ゞ　多　詳（コトヽヽク）悉　孟

虚ーー　事（コトワサ）（コトワサ）　衛（コト）士（コエツイチ）（コトヽメ）毛　爰（コヽニ）　特（コトニ）　殊　同　毎　同　古（コソ）　社　祠（コトヽヽク）太子傳　倶　同　秀　言　言（同）　廬（コニ）

（44オ）

籥　碁石　碁器　碁盤　榕　析　聚非　鼓　獨樂　巾子　冠　乞食　香

輿　乘　擋　文　龍　器　艁　扃　円　紀　聚　文　叀　釦　文　軾　鐍　秏　論　坻　鈣　円　円

錆　杴　稃　円　尖　鍔　小切羽　的　瑚　厦　騫子　胡鬼子　昂　櫁　機　閑

側　亂　左　熾　槽　琵琶　古銅　紺紙　金泥　火鉈　虎鈴　円　其音……有石虎鳴

麿　小狹　鐫　腰充　介

光ーー　釦　紅梅色　緗　濃色　巨　隹　胡粉　紺里　紺色　紺青　里　山名　塩

小麦(コムギ)混布(コブ)䰟宿草(コンシユクサ)胡椒(コセウ)薦(コモ)菰(同)木練(コネリ)木漬(コザハシ)魂(コン)

食ー　米(コメ)穀(同)修食(コハイヰ)細糠(コヌカ)糝(コシツ)醶(コサケ)麺(コムギノコ)麩(コムギノカス)麩乙　海鼠腸(コノワタ)粉(コ)

衣(コロモ)衿(コロモノクビ)毛　衿(同)同　襟(同)褕(コロモシロ)襹　裔(コロモノスソ)日　軨(コキヌ)射(コテ)韝(射)𩎟　茶芽(コサキノチヤ)昆弱(コンニヤク)

器ー　琴(コト)箏(コトキ)徽(同)柱(同)絃(コトノスダチラヌ)幺　文　碁子(コイシ)碁(コ)局(キヨク)碁(コ)箔(コウ)鐘(シヨウ)久

扱(アハセ) 七ヤ 法華 刮(コソク) 揃(同) 皷(同) 攊(コツクル) 磊(同) 大近ハイヒ字 這(コヒカフム) 幹(コツル) 頽(コホツ) 播(カキツ) 文 潰(ヤフル) 家 壊(同) 寿 術 理(コトハル) 断(同)

辞(コトハ文) 吃(コトモリ) 聲(コハ) 欬(ライ) 法 答(コタフル) 對(同) 應(同) 請(コフ) 撮(コキル) 牒(コラス) 懲(コロス) 弑(コロス) 主 文 殺(同) 劉(同去) 尚 虔(同) コラス左 左

害(コロス) 穫(コナス) 土(コル) 椎(コヅル) 焦 木 牽(コゾル) 泥(コヒチ) 辭(コトハ) イトム 詞(同) 言(同) 堪(コラフ) 怠(コヒ) 戀(同) 宰(コウサイ) 才(コラフ) 極 餓

蘖(コオモヒス) 尚 小壷(コサカニ) 固辞(コヽ) 尚 辭 再三 辜負(コフ) ワキソムク 劫(コウ) 碁石 切(コウ) 以劫 定器 柱(コトチ) 枇(ヒク) 文 公案(コウアン)

口論(コウロン) 攻戦(コセン) 防戦(ハウセン)

生ー 厚朴(コウホク) 梢(コスエ) 柿(コケラ) 辛夷(コフシ) 莫(コフシ) 牛蒡(コハウ) 醫 狼牙(コマツナキ) 菰(コスケ) 文 胡麻(コマ)

支―心 意 情 魂 魄 鋅 名 厚 梁 鼻 頷 聲 音 拳 腰
骸 癭 瘻 腓 臏 腨 躊 彈 天 踵 足 跟 踵也 足後 甲 亀 吮 中 脘 醫
心 匈 月 醫 膂 月 罟 玉 拳 呱々 泣 轉 筋 訥 肥
態― 祝言 壽 困 学 佗 文 古 則 法 弦 天 呱々 泣 尚 心緒 意見 日
志 操 性 植 文 嗳 營 圍 碁 奕也 誘 詶 認 訛 梅 寒 天
沽 却 史 建 水 糊 覆 醯 及 癖 灑 涔 扱 桑 擢 月 撲 葉 拮 麻 打 史 相

（42オ）

氣ー｜ 公侯（コウ〳〵）五等ニノ爵 孔子 先聖 昆弟（コンテイ）兄（コノカミ）ーノ文 孤子（ココ）ヒトリ 親ー 侲工（コウ）百ー 伍（ゴ）五人 ー為ー 婦兄（コシウト）

兄妐（コジウトメ）姨 円 小舎人（コトネリ）紺搔（コウカキ）侯人（コウシン）御料人（コレウニン）閽人（コンシン）門 守 乞食（コツジキ）御亭（コテイ）

虎賁（コホン）勇士稱号 呉道子（コタウシ）畫師 輿舁（コシカキ）金翅鳥（コンシテウ）鵠（コウ）鶻（コツ）ト大鵰ー 鷂（コノリ）鷂 円 鵁鶄（コウヨウ）鵁鳥也

鵠鷄（コガラ）円 枸（コウ）北斗柄星也 虵 天虎ー 兕 光 円 駒（コマ）毛 犢（コウシ）特牛（コトイ）牡 円 鯉（コイ）鱓（コマメ）鮗（コノシロ）

鮗（コノシロ）鰶 ー 海鼠（コ）蠶（コカヒコ）蜻蛚（コウロキ）蜻ー 蟥 円 鷇 音寇 鳥母哺子者 極率（コクソツ）鰍（コチ）

木魅（コタマ）樹神 円 後扠（コウハン）後堂也

乾ー國土（コクド）混沌（コントン）虎門（コモン）営文所名　虹梁（コウリヤウ）霡霂（コサメ）霡霖　円　濛　円　颪（コガラシ）𩗗（コガラシ）

閭（コカド）天　栫柤（コハシラ）（コニイ）揵兒所（コデイトコロ）郡（コホリ）肋鋪（コヤ）獄（コク）皐陶　焙造　橧楔（コニイ）後架（コウカ）尿

柹葺（コケラフキ）𣿅澥（コホリトク）滂（ココ）淴泳（コウスイ）尚　俓（コワキ）岵（コ）山多　草木　垾（ココチ）迪（コ）地（チ）沃（コヘタリ）地　也

細雨（コサメ）攻口（コクチ）小口　円　虎口（コクチ）

時ー　古昔（コセキ）今夕（コンセキ）文　コンユウへモ　昔歳（コツ）左　是歳（コトシ）今茲（コトシ）左　去年（コソ）邇頃（コノコロ）円　屬　円　蒸除尽

姑洗（コセン）月　三　尅昏鐘鳴（コク）近曽（コノカタ）

複ノ元ミ本ミ　嚴重科　儀命寒　徑廻　徑歷　懸隔命　懸相好色白文

假粧女　景氣ト　強健　源流　人氣　見參　繝纈　顯著

希有　嫌疑ト　交替ユツル　堅固　現當文　形勢　減直少　檢注　結構文

影嚮尚　見處　大集犬　潔白　限量　闕乏　化儀　假令負

分目伊作　權門勢家

毿(ケムシ)椽(ケ)甲橛(ケツ)護ニ广 笥(ケ)筲(ケ)滴(ケ)罳(ケヌイ)計(ケ)筭(サン)艷書(ケサウフミ)エン 脇息(ケウソク)決拾(ケツシフ)ナヤ 文

○光ーー 氣色(ケシキ)炊氣(ケフリ)煙(同)烟(同)玄菟(ケントウ)月也 東

○數ーー上(ケシイ)十作

○虛ーー方(ケン)文 哇(ケホリ)繊(ケカレ)悉ー 䋞切 塵(ケカル)毛 蓋(ケナラス)汗(ケカス)滌 ミスヌ盡 浣 伏也 薄也 梟子(ケウ)単也 ケ 蓋

蹶落 鷩闘 飢渇 経営 文 懈怠 負 掻 髪 翦毛 毛毬 尚 罵詈 喧嘩 左

喧嘩 文 懸相 色 白文 假相 同 下 警固 毋 文 逆鱗 負 結縁 興醒

孝養 教訓 門 継絶 文 勧賞

生ーー
枳椇子 椇柿 檪木 碎 荊芥 雞頭花 欅 懸空 草名

食ーー
獻酬 酒 褻 私服 重衣 炮 毛 桂心 経緯 左 袈裟 健 襌也 傷也 戯

器ーー
珪璋 同 珪𤥨 健斎鐇 研屛也 硯壁 磬 楽器 劔 鐍

傾城（ケイセイ）　罽山（ケツサン）蚕師　亢輝（ケンキ）円　梟徒（ケウト）　匈奴 円　鶪（ケキ）左 小鳥 退飛　鬼（ケン）祇頭　剗（ケツキ）　鵊 円

獅（ケモノ）聚　禽利 円　猊（ケイ）猤ー　獬（ケツ）ー　貐　獫（ケン）犬名ー見　鼷（ケイ）　獸（ケタモノ）　蚘（ケカ）人腹中　長虫　鼮（ケラ）五様似鼠云々　鼠　螻 円

挈紛物（ケイヤモノ）　経屋者 円

○支ーノ毛（ケ）　覡（ケイ）　疥（ケ）瘡也　ケウクメ 佐 差 齒 病 又生日ー　送畫（ケカミ）共 日

○態ーー　瞥首（ケイニヤ）トニムルカウヲ 尚　撿断（ケンミ）　鋧　交衆（ケウシユ）　勧盃（ケンハイ）　愆（ケン）尚 大願也　希望（ケミウ）　挍合（ケウカウ）

氣健（ケナケ）　權ー（ケン）瓶 門　賢（ケン）　藝（ケイ）　拱（ケウ）潘色々 尚　爛（ケフリ）　戲（ケタスキ）　懈我（ケカ）愚　就（ケル）　蹶（ケツニツク）盃

（39オ）

ケ

乾ーー　外海　畎畝田ー　玄關　螻羽　桁下　屋穴　險隙　穴 壁穴也

闕ー帝　懸崖　霙　流　涇ー渭　嶮岨　瓊葉　東　霧也

時ーー　曉 アカツキ 曙也　今朝　今日 遂 尚　鷄鳴 丑時　月生 朔也　元宵 正月十五夜也

氣ーー　尭ー舜　桀 夏亞之王　賢人　家人　下人　化生　眷属　卿上

異者　華厳宗　兄弟　澗子　墻　煢獨 無兄弟稱也 孟尚　傲叔　人　餞子

掛塔 華族 愚 意癡 亡恙 豚 昧鈍 身者 愚癡 蚯蚓 昧道 究竟 論 文

龜膝 唯付 生 嘬 齧 吻吭 嗽噣 聒々 磈々 雲渠 文

叫 鱗 命 鯉 章 群集 絫 居外 閲見 擲人 蹇産 細碎 瓦礫 臥機 負

社稷 瓜紋 紋 鼾睡 悠揭 闇 懀 情 上 學 過差 荒寧 寛綽 尚

功 夫 能 德 労 快然 愷悦 含 歪 睦 過分 緩怠 弘通 動擧

數ーー

九輪　軍　件　五　四　六　倶胝　寸

虚ーー

廣博　廣遠　荒涼　荒廢　龍物　朽　荒屋　腐

雜

黷　崩頽　撓　秘　羅　闇　暗　昏　究　拗　窪　劉　乇

誣

據　瘦　薫　氣　暈　轉　諂　裏　急　句　加　尚

複ーー

君子在野　小人在位　宗廟神口　詠謌　子答　号實　孝偏　口說

懞 檧 眥 屩 鞾 芑 聚 似 草 鍵 栈 橛 杭 棺 闇 鶴 毛

埃 麋 屑 榔ー 棺 黄鉞 尚 債 命 縷 瓔 枷 天 鈹 鐅 枚 蓍 枕

旒 桄 墘 衡 車 作ー古史考曰黄帝作ー少昊時加牛禹時奚仲加馬 鉤 虎魄 白 管 嚴 器 軏 藏子

鐵 董 絃 舜楽名也 東 公 孫 坐 後

光ー 光陰 文 煌々 曇 黒 溜 同 涅 論 黔 火炎 右 桃色 白鳥

騮 紫 紫馬 紫騮 駹 黒 ノヘ 支子色 鑑

食—薬　漬　栗扶　餻　饍　餗　鶬　粇　牢霜　糺　能白

熊膰　来　鱈在之　組　綬　縲　罿　華　豉子　掛落　絡　綖

呉綾　豉　化象　鰑名　東

器—屈輪　臺　會　窟　鑵子　公卿臺　瓦燈　環　鞠

轒　輲　軛　軏　鑄　轆　楔　檣　鼻　天鼠　莉　黎　釘　擢　匣

刷子　串　幹　鐵　鞦　馬　鐮　縛　縛　鑣　勒　鞚　鞍　鞽

會同　合齒齬　和齬　久世舞　口宣　口宣案依勅被也　懷中　抱懷　荒寧尚

生一　菓　果　李　木　栗　胡頽　欅　楠　胡桃　枸杞　却左　棚

櫪　暦木　株　椅　杭聚　橛　桜　橋　常山　蜀漆　椋　榴　椿　愠

呉茱萸　茸　梔子仁　醫苦参或本天　茄　茎　立　茎余更切草木　芏　壊香幹也文

參陽　蘞天　蔦　茈　叢　蔟　蔬文　蘐　草毛　草　葅仲　蕎　葛

烏豆　薑　茎　豊　越聚　茴香　興渠　茴香也　鶴膝梅名也山　葷　草香

（36オ）

餬(クチモラフ)　醢　組(クミたル)　毛　傴(クヽマル)　匍(クヽマル)　抃 穴同　墻同　窔　潛同 水　傴同　怨　痾同　屈同　館(クム)　哺同

噫(クム)　惷　之　奴　卒　掮　軀　身　病同　曲同　與　括　絲　繩　文　牽　毛　靭同　企　竦同

輾　左　確　執　折(クシカス)　挫(クシカヘス)　孟　掾　毛　揩(クツル)　悔　佃　恨　抉　宛　扶　創同　眼

腫(クヽル)　瘡　惝　軍　閑　輩　屐　悱　寛同　宛同　甜同　晦　抄　婚　偶　埒

角　縊　經　嚌　尚　負同　茹同　汲　文　酌同　纏同　毛　衛　隨　債　苦　痛　劉　臼　仲

種　推　毛　驕　稀　文　芸　毛　寛　宥　口　實　窮　屈　供　養　和　睦

蜫蚳 人腹中長虫　求羅 風増一天又　蛣蝮

支ー　口　[illegible]　尻　蕭　门　唯　脣　焼　喝　胗　喝　僻　吔

断　聯　縣　綿　北 毛　髭 角良　瘸　骨　項　領　胳　骨　踵　踉　腹

胱ー　膀　尿　泄　腹　肚　瞳人　孃　妊

態ー　歓喜　官領　官途　認　話　詢　註　努　詠　呀　吻

憒　誑　齩　馺　嘬　澡　漱　瀨　滲　喝　嗅　口傳　頓　嘿

時ー　元日　元宵　光陰　黄昏　陰　曇　暮　晩　曛

黄鐘　禺中　久遠　過去

氣ー　地神　皇帝　關白　公卿　館　外人　寡人　群

舊住者　軍勢　倶舎宗　龓人　醫　菟　公人　孔雀

鵠　鳩　鴝　鵰　鴽　水鶏　鶏　鶏　鴨　家雞　鴆　貢馬

熊　麞　貍　鯨　海月　九魚　蜘蛛　蟢　魁首　蝗虫　蛤蟟

ク

乾ーー　雲了(クモノハテ)　堽(クモヰ)　墭(同)　公界(クカイ)　紘(クワウ)　八ー　孟　公文(クモン)　所(ヨ)　輻(クルマヤ)　車(クルマ)　蓋(クルマカサ)　岫(クキ)　山　文

阿(クマ)　曲(同)　隈(同)　陸(クガ)　壠(クロ)　田　塍(同)　文　崛(クツ)　山短　而高　倉(クラ)　蔵(同)　庫(同)　扃(クルヽキ)　楗(同)　鍵(同)　上古　天　廚(クリヤ)

庖(クリヤ)　庫裏(クリ)　屨(クツ)　楦(カタ)　塿(クト)　廥(クラヤ)　柵(クヰヌキ)　鋪(クキカクシ)　郭(クハク)　城　郭ー　橺(クヰヌキ)　匿穴(クケアナ)

匿路(クケチ)　隤(クヅル)　會所(クハイショ)　蒿(クルヽキ)　闌木(クワンノキ)　沓(クツ)　脱(ヌキ)　畫蜆(クツケイ)　橋名　東

伎倆　切符下　既得下　巾笥　氣味　魏々　堂々　虚誕　記

貴方　命　殿　報　恐々　悦　怖　希代　懼　衣々　覆　杏葉　香桑　花車

歔欷　ナケキナミタ文　起居尚　機紛　狂言　巨細負　欣悦　綺語　疑殆　念　心　惑

君舟臣水　水能載舟　水能覆舟　休徴吉　咎徴悪　文　歸趣左　執　曲節　儀絶　絲

向背　許容　狀　違　禁制　忌　断

狐 九尾 文 九牛々一毛

虚ーー 清浄 潔 蜿 纖 稚 科 際 枕 梯山 屹 見 瑩 極

空 消

複ーー 義理 吉凶 亀鏡 覬 摸 寄進 亀背 機轉 奇特 奇怪

機嫌 弃捐 知聞 端生 黒心 逆縁 逆修 勤労 耆舊 禅

起念 耆老 軽忽 騃 慢 断 斡 御天 休息 窮 居民 困 細々

著背（キセナカ）木蜂（キホウ）磬（キン）曲彔（キヨクロク）錐（キリ）脚榻（キヤタツ）繼枷 紀切（キリツフ）久代付（キツシヤ）鞍

碪（キヌイタ）桄（キヌカリ）橫（円）毬杖（キツチヤウ）櫪（キクキ）栓（円）脚婆（キヤンハ）湯婆入湯足 金木作器 温日ーー 龜足（キソク）之 茶子 串を 莊也

金錯子（キヤクヽ）銭也 東

光ーー 氣（キ）色（ソク）雲母（キラヽ）彭祖 佺食之 壽八 黄（キ）ー 皮（キハタ）燐（キヅチ）韓詩

數ーー 九五（キウコ）王弓之數 滿易陽數 五弓九也 鄉 百二千 五百家 也 九族 外祖父ミミ母 従母子 妻ノ父 母姑之子 姉妹之子 女子之子 己上加己左

二月（キサラキ）鈞（キン）三十斤 所（キン）十六 兩 段（キタ）田 畧（キウ）畝 百ー 級（キウ）ー 等 耆（キ）六十ー 指使 礼 旗（キヤウ）四十 而仕 礼 期（キ）頤（カイ）百年期 要須養 礼

蕣（キハチス）　龍花　同　木蓮　同　藕（キハチス）　枇（キヌ）　天　葱（キ）　桔梗（キチカウ）　黍（キビ）　菊（キク）　金仙花（キンセンクワ）

芔（キ）　草総名　卉　同　胡瓜（キウリ）　瓠　同　蓏　同　菌（キノコ）　秬（キビ）
崇徳院保延三年天雨其名黒黍　又安元年三月三日天雨豆小豆植之生其葉如白膠木也有例

秬（キヨ）　黒黍　尚　垂露（キホウモ）

食ー　饗食（キヤウ）（アルモ）　五色麺（キシキメン）　碁子麺　同　服（キルモノ）　金襴（キンラン）　錦襴　同　魚綾（キヨレウ）　脚半（キヤハン）

紫蓋（キヌカサ）　繒衣　同　綃巾　同　裾（キヨ）　襭（キクトヂ）　御綾（キヨレウ）　金團（キントン）　金紗（キンシヤ）

器ー　金絲花（キンシクワ）　金絲（キンシ）　金石（キンセキ）　文　伽羅（キヤラ）　香匙（キヤウジ）　几帳（キチヤウ）　毬琳（キウリン）　又名　尚　鋒（キツサキ）

態ーー
喜悦（キエツ）勤學（キカク）規矩（キク）法則　義理（ギリ）道　儀ー（キシキ）ー　悶着（キモタツ）衣　玄

截拵（キルホコヲ）剪（キル）切（同）伐（同）打（同）暮左　析（キリフセテ）斬（キリキサム）勤（キサム）刻（同）聞（キク）聽（同）聲（キコエ）嫌（キラフ）雪（キヨム）恥

織（キヌキセ）競（キソフ）孝文　織刀　營（キヌタ）鍛（キタフ）掬（キクスル）酉午　田ー　縫（キヤウフ）負子　論　庚止（キキタリ）文　級弟（キフタイ）給使（キフシ）法　輕慢（キヤウマン）驕

城周（キツシウ）徵（キヒシウ）左左文　概（同）遂（キヒシ）慎（同）山　嶂（同）稠（同）緊（同）喫（キツ）中　ー食　起單（キタン）坐禪用之　ー座　キ、ト　七文　睽睢（メミハル）文

綺羅（キラ）相（キキウタ）玉　跨蹕（キヒタ）荘　以豆　行之　驚（キモツフシ）悖　膽（キモツフス）塞　醫　捧（キモキユ）月

生ーー
梧桐（キリ）同　叢（キリツボ）金柑（キンカン）蘖（［illegible］）ウヘキ　樹（キ）木（同）木脂（キノヤニ）木膽（キノヒル）杠（キリ井）銀杏（キアン）井ホヤサワ　鴨脚實也

昔(キノフ)(ヒサシク) 朞(キ) 周年 昕(キン) 日出 將(キノヘ) 甲 在ー閼逢 亦ー兵 乙(キノト) 太歲 在ー旃蒙 甲ー太歲 在ー日旃

氣(キ)ー 君(キミ) 后 公 姫(キサキ) 王 卿 金(キン) 波 月名 王(キ)葉 日名 鬼(キ)神 客(キャク)星

客来(キャクライ) 瞞(キ)睡 妓(キ)ー女 行事(キャウジ) 狂仁(キャウジン) 稚(キジ) 矢 金鳥(キンテウ) 雉(キジ) 鴟 暈

龜(キ)ー 靈ー 鼉 騏驥(キキ) 千里走馬 野干(キツネ) 同 狐 豨(キ) 猪也 蚶(キサ)貝 也 鼯(キネズミ) 蛩(キリギリス) 同 蛬 同 蟋蟀 蟣(キ) (コウラミ)

夔 獸名 如竜一足 有角手人面 又云人名 舜典 樂官 伶人名 鯢 耆(キ)婆

支(キ)ー 牙(キバ) 職(キリミ) 截 肝(キモ) 傷(キズツク) 瘢(キズツケ) 骨ノ上 馬項 左

キ

乾ーー　朔（キタ）　北颩凨（キタカゼ）　頊（キサウ）　鬼門（キモン）　梯橙（キサハシ）　木戸（キト）　居所（キヨシヨ）　葱花（キホウクヮ）

擬法師（キホウシ）　客櫓（キヤクロ）　霧（キリ）　郷（キヤウ）　京（キヤウ）　揖（キノミミ）　涯（キシ）　岸　崖　際（キハ）　階（キサハシ）

擬法珠（キホウシユ）　金葉（キンヨウ）凡也　東

時ーー　絹更月（キサラキ）　如　衣更着（キヌサラキ）　春分（キサラキ）　吉祥日（キツシヤウニチ）　居諸（キヨシヨ）　昨日（キノフ）　日　正月朔

昇首　梟首　孑蜆　伎倆　賢々　諧々　數聊尓　巖顗
闡幽　鶴望　詢詞　斯梟　看経　家督　咀嚼　颯々
効驗　弁傳　列星　簡略　拷問　堪忍　香落　勘定
形壊　按摩　結根　岸破　強波　甲命　割分　恰合
合期　偕老同穴　涯際　荷擔　芬弟　縉錢　棄葉
蕭々　鬚鬣　參差　破路　難渋　我丹　面目

禿（カフロ）押（カムロ）　左　更（同）叶（カナフ）稱（同）合（同）洽（同）　尚　若時（カクノコトキ）　孟　尚　如之（同）加賀（同）平（カタヒラ）結（カタムスル）（同）

如此（カクノコトシ）　東　夫然（同）　一孝経

複
一行〻（カウ〳〵）孝高（同）行〻　行粧（カウサウ）向上（カウシヤウ）嘉瑞（カスイ）　左　肝要（カンヨウ）肝心（カンシン）包蔵（カクシアラハス）

垣間見（カイマミル）覗見（同）覗其私屏（同）姤妁（カイシヤク）損擇（同）假冊（同）介錯（同）

搔繰（カイクリ）　タツキ　畁澆（同）跣歩付（カハクリツク）歩行〻（カチヨハタシヨ）徒行（カチヨリユク）〻論　顔隈（カハユヒ）古嶋（カタメイアハセテ）傍切（シメスコヽロ）

特（トリハ）降伏（カウフク）悢惘（カホアカム）格勤（カクキン）畁陀障（カナアヒリ）甲冑（カフトノハチ）鉢拙打（シトヽヌ）堅甲（カタツノ）乕呑（ノム）

知　チン　チト　尚　仲

五調　日ーー　五勝調　烏　三趾　文　麗　孟

虚ーー　上　上久　裏　宿　栄　冬奇ノ筆也　非神祇人　上　尚　輕　昂　輔　宴　侶　天

侮　隱　蔵　密　静　稜　廉　角　假　暫　権　条　条　泰　龜　句　天

屈　踞　戛　常ノ尚　外　方　異ム　偏　片　故　左　吁　与　諸　負　穆　韻　鰍

轟　嘩　攬　鎬　陶　艶　栓　場　鎛　闕　鈌　傾　俄　文

馥　彼　遠　蒙　冒　侁　難　痰　麿　獵　鯉　䶮　肆　左

光〳〵　旭（アサヒ）　明（アキラカ）円　陽　文　朝（アサ）　催（モヨヒ）火　唐（カラ）墨（スミ）　篝火（カヾリヒ）　燈円　火燈円　燭（カトヒ）

蚊遣火（カヤリヒ）　熠燿（カヽヤク）円　皛（カヒラヒロヒ）　火色（カイテリ）　紅下　重紅　幽（カスツ）尾　刈安（カリヤス）　渝色（カヘル）

柑子（カウシ）　栗毛（クリケ）　鹿毛（カケ）　騮円　騮円　天　駱馬（カハラケ）　油馬（カスケ）　紺地（カチ）　草火（カヤヒ）　黄草（カリヤス）　醫

韓紅（カラクレナイ）　寒蚸　燈名也　夜東　東

數〳〵　爻（カウ）　易　員數（カス）円　量円　計算（カソウ）円　行（カウ）書円　〻杀　合數（カタチ）　二　天　十月（カミナツキ）

亘（カノハカリ）　芰（カイ）　服（フク）　官（クワン）　政（セイ）　辛芰　老〻　礼　四千（カリ）　片矢（カタヤ）　箭　片足円　當　曽累　文

粧(カザリモノ)揆(カザリ)碓(カラウス)柯(カラ)幹(同)柄(同)杁(カラ)鉇(カラカンナ)鏶(同)鉎(カスガイ)鏁(同)居(同)刈(カニ)鎌(同)枋(カナクロ)柯

鉄(カナ)鎚(ツチ)鏟(同)砧(同)砧(カナシキ)鐵(カナシキ)碪 瓦器(カハラケ)坏(同)坩(同)土器(同)賭(カケモノ)捷(同)鍘(カナ)

栰(カトサシ)犂(カラスキ)鍉(カナクセ)纔(同)鈷(カナハシ)鐵(同)鉗 鞨(カハクツ)革(カハ)槖(フクロ)匙(カイケ)笥 揺笥(同) 鍋

鐖(カリ)鏁(カナクサリ)文様(カンミヤウ) 和炭(カチスミ)鐏(カラスキ)外輪(カワ)器(カミ) 鑑(同)鏡 之 當甚 妍醜難隱 王叡卓 心鏡

要(カナメ)灰(カハラケ)椀 鬵 械(カイケ)柄 干将(カンシャウ)莫邪(バクヤ) 剣二名也越王勾践台辟暑于頤涼宮抱鍊柱卧果后有孕使精產帝使歐子待鋤是也　豊(?)千鍜作也

土掘子(カナフクセ) 碧(?)石嵌

(28オ)

器財門　香合（カウガウ）香爐（カウロ）畳錢（ツミセン）印盤（インバン）鈢（カナバチ）鞋（同）簡（カン）牘（トク）翰盤（私ニカンバン）筆硯臺

冠（カンムリ）鑰（カキ）鎖　翰（カン）墨（ホク）曆（カソメ）鎊（カンキ）鑒　諫鼓（カンコ）羯鼓（カツコ）尚角（カニツノ）鏑矢（カブラヤ）

狩俣（カリマタ）鉆（同）天　并（カンサシ）釵（カラカイ）（同）梗（カウ）槩（カイ）刀　文　冑結（カナハ）果（カタナハ）拄杖（カセツエ）鹿杖（同）曲尺（同）匙（同）

黄首（同）杖　押（カセイ）釜（カナヘ）古史　鍋　黄帝始造之　冕（カニフタ）鼎（カナヘ）耳（ハタ）尚　史　鑊（カナヘ）鍍（カナワ）輪　鑁（同）鎗（カナツリ）鐶（同）

鋺（同）坐（カサ）蠶（ヒルヒ）荷（同）験（同）傘（カラカサ）ヒカサ　甲冑（カツチウ）ヨロヒ　カフト尚　刀鞞（カタナノサヤ）天　函（カハコ）叉刀（カタキヌ）唐積（カラヒツ）懸子（カケゴ）画

筐（カタミ）稾（カハ）篓（カゴ）籠（同）槐（カチ）チク　楫（同）ミツ　柂（同）毛　梶（同）エイ　檝（同）鐵恪（カナクツ）楷（カイ）櫂（同）舵（同）

栝樓(カラスウリ)　鴈鼻(カンニ)　櫑(カミ)　鳩酔草(カタハミ)　梒(カン)　英(エイ)　梅ゝ

食ーー　餉(カレイ井オクル文)(ナレイ井)　饁(同)(左)　饍(カレイヰ)(天)　粻(カテ)(文)　糧(同)　酼(カスサケ)　醅(カスコメ)　膄羹(カスモミ)(カン)　楷餅(カイモチ)　干瓢(カンヘウ)

酤(カウヂ)　麹(同)　醭(カウノスリ)　鶴頭(カウト)　以飾栗(カチクリ)　搗栗(同)　栗黄(同)　湩(カチ)　齒　旱(カン)　鮭(ケイ)　辛(カラミ)

粥(カユ)　糜(カユ)(文)　膏薬(カウヤク)　那鄣(カモ名)　伝ゝ名ゝ　一丗所織ゝ　褠服(カリキヌ文)　狩襖(同)(アヲ)　布衣(同)　襯(同)　帷(カタヒラ)　湨(同)

薊ん

紈(カトリ)　絹(同)　薊(カキヌ)　裘(カハコロモ)　綺(カムハタ)(文)　陽衣(カラクイ)　紙袍(カミキヌ)　ゝ子　衾(フスマ)　罘(ナリカミ)　斑帯(カラムシ)　緇(ナトリ)　餡(カタメテ)　飯　菓(天)(騎)

緆(カタヒラ)　褐(カツ)　何葛切　袍ゝ　馬被ゝ　更衣(カウイ)(カヘコロモ)　黄帝使　四月朔賜　群臣衣名　蒲鉾(カニホコ)(舌石)　高麗端(カウライヘリ)　更衣

棠梨(カラナシ)　橙(カフチ)　椶(同)　槁(カレキ)仲　海棠(カイダウ)　柑子(カウジ)　柿(カキ)　楮(カウゾ)　樫(カシ)　极(同)　檍(同)　枳(カラタチ)　榲桲(カリン)

柹蓋(カキノフタ)　杯(カハ)　樺(同)　椶(カラムシ)　柯(カラ)(エダ)　菊(カハラヨモギ)　芎(カウ)　椿(カツラ)　荅(カン)　乔(チク)　苦(カハタケ)　乔(カヤキ)　萱(草ノ名)　草名

卉(十上)　甘草(カンサウ)(醫)　莎草(カウブシ)　人參(カウニンジン)　荒蘭(カミニンジン)(毛)　薟草(同)　葛(カツラ)　蘧(カチカタ)　藭(カラノ斉)(去)

瓠瓠(カラタウリ)　同　満遊(同)　射干(カラスアフキ)　葉(カラムシ)　苗酢(カタハミ)　漿草　蕪(カブラ)　鵲布(カチメ)　菁蒿(カラヨモギ)

荒(カイモ)　荊根(カハホネ)　骨蓬(同)　苅易(カリヤス)　海藻(カイサウ)　梨　頴(カヒ)　稲(同)　稃　毛皮(カハ)　水苔

黄連(カハナ斉)　杜若(カキツハタ)　劇草(同)　蕒(同)　由跌(同)　鴨瓜(カモウリ)　冬瓜(同)　白及(カヽイモ)　蒲黄(カマノハナ)

挑寒衣　揭　袒裼　纓　擢　跛　踟　究　徒歩　憲
頷　拘　鹿嶋　立　挺　頭　姑　掩　垣　樊　姘　奸　妖　美　婕　攙
街　搔首　首途　京　書　颯　酣　兩　間　寒嘔　譁　聒　咪　聲
通亭　構　崩　瘍　呻　噂　呃　鴿　瞽　勘　莢
搗　菓米　嘔逆　樋　雜　錯
生　香木　楓　穗　桂　杠　朱　櫻　櫻桃　榠　栢　杏　榛

（26オ）

懸離 罹 鳥罹 刈木 旱 猪 覩 其 関 嫁 顧 眄 眷 睠 省 偶 卸 尚 毛 論

泊 潜 水 侮人 侮人 覆 衣 偑 拙 姧 豈 匏 姱 誘 諒 句 引 記 参 信

形 見 蛤 遇 離 非 増 交也 天 隸 屬 皮 東 歸 復 還 返 反 報 扴 文

悲 哀 慵 憫 象 傲 嗅 音 蒐 刈 田 畋 狩 獵 擸 攝 春 左 毛 左

髻 剃 剃 髮 剃 捎 沐 顋 醜 頑 圖 毛 刷 僻 天 乙

歐 飲 炊 淅 米 釋 易 子 左 贊 貸 借 假 勘 當 譴 踈 左

態ーー勝捷孝尊傳感冊毬賽降参噂語

謂語詠両馬尚嬌飾詩莊巾車穆買市顛闐

誂誥僮誣詠拤饐方差偏捷務鍊擽揲

佧藝擊揄書探攪搵灑劑撫鍛崇心

寬竄掩庇蜜蔵味計禮俗織擱攃勤擱

河出（カハツ） 唐紙師（カラカミシ） 傘張（カサハリ）

支ーー 顔（カホ） 面子（カホツキ） 皃（カホハセ） 容（カホヨシ） 形（カタチ） 頭（カシラ） 首（同） 皮（カハ） 腸（カミテ） 頤（カミテ） 腑（同） 輔車（同） 容ー（カホ） （カタチ 同） 輔 左

頷（カニテ） 髮（カミ） 髲（カミノ手） 鬘（カツラ） 鬠（カタメカミ） 髡（カフロ） 童（同） 个（同） 瞎（カタメ） 燦吻（カケルクチヒル） 肩（カタ） 髃（カタサキ） 冠（カウフリ） 毛 天 文

脅（カタワラホネ） 射 脇（同） 幹（同） 勝手（カツテ） 軍 瘡（カサ） 瘜（ホロセ） 臍 癩（同） 肝（同） 癰（カタヰ） 瘤 癨（同） （カタヰ）

汗（アセ） 不仁（カタワ ミトモナホ） アセ 人ハダチラズ 醫 蜎（同） 痂（カサブタ 同） 瘡（カサ） 屍（カハネ） 骸（同） ー髑 腫（カイ） 躄足（カタアシ） 胛（カイカネ 同） 膊 滴 咪吐（カスキ 同） 日際 左 胛醫

髭（カモ・ノケ） 鳥羽 鬆（カナキリカシラコニタス） 醫 禿童（カフロ） 元（カウヘ） 盃 姸（カホツクロヒス） 奸（ヘイカシ 件 左） 瘍（カセ） 姝（カホヨシ） 齧齒（カミナラス） 痒（カユカリ） 癢（同） 乱（カタクセ）

擑取（カチトリ）娃（カ）監寺（カンソ）禅 鍜冶（カチ）｜音霞｜治ヾ 夏珪（カケイ）畫師 顔輝（カンキ）円 迦陵頻伽（カレウビンカ）徳 鴈（カン）カリ 鴨（カモ）皆｜

鳧（カモ）鷗（カモメ）鴎 円 剌鳥（カシトリ）鶁 円 鵁鶄（カヤクキ）鸚 円 鵲（カサヽキ）鴉（カラス）烏 円 鵶 円 鷉（カイツブリ）鵊（カラ）大鳥 四尺

（カモメ）鷴（カン）閑 白 獱（カウ）大セ 豻（カン）似狐 獺（カハウソ）春祭魚 礼月令 鱫（カイラキ）海乱鬼 円 鱞（カツヲ）蟹（カニ）蠏 円（カニス）鰤 円 鱫

鮰（カニス）鮇（カニツカ）蠣（カキ）貝（カイ）攤 鰤（カサメ）蛓 円 鰕（カ）鰈（カレイ）王餘魚 円 エイ 黿（カメ）蚢 蛙（カヘル）円 蟇 円 蝦 円（カヘルノコ）

蝌 円 蠶（カイコ）蚕 円 蝙蝠（カハホリ）ニ フ 蜚 円 蚊（カ）蝸牛（カタツブリ）蠣 円 似龍 蜻蛉（カゲロウ）魮 蜑子（カニツカ カイコ）鰊（カナカシラ）

鱵（カイラキ）鮊（カキ）鶡（カタ）鷟（サイ）鴯（カイツブリ）撫鷹鳥（カタツブリ）〻 鶉（カハセミ）蟬 魰（カニス）鎰取（カイトリ）餓鬼（カキ）

貫肩　雁塔（カンタフ）昔僧欲食飛行ㇾ則死落タリ埋テ立塔名ーー

時ーー　神無月（カミナツキ）　陽寒（同）　寒食（カンシヨク）　寒暖（カン）　肝暇（カン）　庚（カノヘ）ー辛大歳カイト庚ー大乙在ー白辛在ー白　東方赤名也日晩也　上章　重光

開城（カイシヤウ）　澣（カン）旬上旬下十日中十日　休暇洗髪故　神且勤テ用也アラフ日旬澣　迦棘底（天ハカ）　旱魃（ハツ）ヒデリ

氣ーー　神祇（カミ）天ー地ー　神主（カンヌシ）尚　巫女（カンナキ）　父母（カソイロ）　秀娥（カウヒ）　伉儷（カウレイ）尚夫妻　看長（カトノヲサ）　閽（カトモリ）

上達婦（カンダチメ）　看坊（カンバウ）　講師（カウジ）　論席　歌　豪武者（カウノムシヤ）　悴者（カセモノ）　恕者（同）　好士（カウシ）

孩ー（カイノコ）　倭ー兒（同）上ヨリ取ル　捷脚（カチモノ）古　脚力（カクリキ）ト　駕輿丁（カヨチヤウ）　獵師（カリヒト）　狩人（同）　水手（カコ）　挟杪（カチトリ）

乾坤　天地（カミツカタシモツカタ）爾雅釈天二十キ文　旻（カウ）坎（カモ）霞（カスミ）赮（同）翔（キタ）文尚　北（同）寄（カシタチ）寳基（カシツヤシロ）風（カセ）

本基（カミツヤシロ）䐗（カセコク）行宮（カリミヤ）閣（カウ）閤（カウ）門（カト）鑯（カトノツチ）毛　枸櫞（カフキ）冠木（同）高欄（カウラン）

鴨居（カモ井）篇子（カウシ）牆（カキ）垣（同）帷薄（カタヒラスレ）昇楯（カイタテ）窐（カハラヤ）窯（同）烟（カナト）埃（同）

竈（カニ）炊　伏龍肝（カニツチ）廁（カハヤ）圊　臭（同）穢　棧（カケハシ）隥（同）梯（同）碊（カケチ）路　崿（カケ）山　圻（同）

古閑道（カタカセタミチ）澗ー　側（カタヘ）諸（同）傍（カタヘスミキ）冷（カタハラ）漢（カモ）土　唐（カラ）崖（カタカ）潟（カタカ）峨々（カタカ）山　巖（カレ）イシホ　榯（カラ井シ井）

浮石（カルイシ）河（カハ）之溪（ホトリ）毛　增氷（カサナレルコホリ）夂　陥阱（カンセイ）中ゞ　折坎　颽（カイ）南風　灌頂柱（カンチヤウハシラ）境縄　闕（カーヤ）

遠近　漸瀝　生便敷　大多數　贈死者　尸帰生者

裝 非礼左　彌掌　陰隗　計　温顔　濃東経廷　瞳矓　追謫

追放　追著　嘘成給　呼吠　延千世　尚 馭射　烏滸　付

刲剔 又　矜傍　仲　黜兒　仏　攡上　醫

ワ

數ーー少心(ヲサナゴロ)少名(ヲサナヽ)　揩ー唇

虚ーー微(ヲモムキ)歸(同)老　輌(ヲモヽ)重(同)丕(ヲヽイニ)覩(ヲヒエモ)惜(ヲキ上言)唇(同)離(ヲレケテ)緩(ヲヒタヽシ)拚(同)小止(ヲヤミ)雨

尖(ヲイサキ)隱暗(ヲホヽラミ)朧(同)絡(ヲヘル)傘(ヲオヒク)同(同)奄(同)僉(同)及(ヲヨフ)覃(同)被(同)逮(同)襲(ヲサテ)

於ー之(ヲノ)礼　月(ヲイテ)在(セリ)寛(ヲワノカ)間　孟　將(ヲイナリ)費(ヲヒタヽシ)风(ヲト)　運行ー　莊成ー

複ーー穩便(ヲダヤカ)踴ゝ(ヲトリアカリ)負　ヒユラ文　押(ヲサフ)馬　儀(ヲヒク)列　發(ヲコ)栄(キトシ)戸開(ヒラク)何不斷(ヲコナヘテ)

押並(オシナヘテ)邊跡(ヲシハカル)推量(同)推考(ヲシカツフ)央　闕(ヲキトコロナシ)層　方　彼此(ヲチカタ)彼方(同)遠方(同)

(22オ)

○食ーー　餕ヲシモノ　膳同　粡ヲミヨネ同　粆同　粫同　饋ヲクリモノ　論　衍ヲリモノ　㡤　繡同　縞同　綺同　同

○罷ーー　鍾ヲモミ　皺ヲレカハ同　韋　析ヲレキ　麻ヲタニキ　續　苧同　纑ヲカセ　天　麻ヲコケ　笥　組ヲ　下緒同　由ー　心ー

徧ヲ同　徽同　賂ヲクリモノ　文　帊ヲホイ同　蓋　覆同　鞍ヲレカケ　斧ヲノ　斤同　杇ヲノヽエ同　桟　賮ヲクリモノ　盂　和尚ヲレキ　禅　云

○光ーー　熿ヲキヒ　煨同　燼同

乱（シサヽル）論尚　御（同）尚　甸（同）同　乂（シサメ）同　民　易（シヤスシ）孟　治（同）　修（同）身　径（同）国家　盛（シトヌ）　威（シトス同）勢　蹤（シタセヨ）　遣　穡（シトリハラ系）　動　償（シキウル）而カス

捉（シキテ）　格（同）　藝（同）　摹（同）　響（シワナハル同）　侘　踊（シヒル）　躍（同）　嫐（シトリ）　紡（シサフル）暮　子（シタヒ）　區　聠（シメシ）　奸（シカス）左

犯（シカス）論　寘（シク）左　置（同）　錯（同）　敎（シヒフ）　甚（同）左　養（シナリスル）ウナリ共　噎（シタヒ）　醫　哭（シヒコツ）　龍同　襲（トシサル）シカサル

生ーー　岡　柔（シカタニノキ）　蔄（シカイゝモ）　羊　女郎花（シミナヘシ）　女僂（同）　之鬼志許草（シニノシコクサ）　百成　篠（シトロ同）

荊（シトロ同）　棘　藪（同）　蒡（シイキタリ）　菰（シコ）　葫　水草　腕（シモチ）　稲　莧（シケシ）　朮　貫（シニワラヒ）　衆　蒻　蔛（シヒナカツラ）

支ーー　顚頷　屮　左　你　瘖瘂　推手　搥尾　魃病

態ーー　排擠　推　押含　毉　停置　羨　追遂　人

擯　送人　將歸　ー豚　遺　贈　死　服　行　嘗　貶　爵位　遍　佩　恃

髑　戰　惶　恐懼　兇懼　震　慄　剽　劫　協　愕　脅　喟

喝　噫　放　愚　捃　侮　侈　奢　驕　緩　怠　懈　風　鈴

乾ー　岳　丘　岡　阜　陵　措　御坐　居　廬　穽　宅　指　部

柵　押　檻　墊　苙　襲　弁　隱　康　陭

時ー

氣ー

大臣　翁　叟　舎弟　嫡　婦　甥　外女　婀　姨　首人

翁伯　鳩　憐者　各　競　獨　幼稚　雄　囮　鴛鴦　麞　麕

獺　猿　虵　螣　鰷　鴛　尾長鳥　鱣

柄エ 柯エ

○光ーー

○數ーー

○虚ーー蘙エイ栗 䅎エ 苐エウ 東

○複ーー鹽エン梅バイ 尚壞エ敗ハイ 呼エイ耶ヤ聲コヱ 廻エ向カウ曳エイ進シン 衆中 殘物

ヲ

支ーー　媚顩(ヱミ)円　靨円　咲(ヱム)　笑円

態ーー　詠(ヱイス)詩　咏(ヱイヤ)音　藻(ヱカク)　瘦(ヱヤミ)　瘧円　瘧円　作痩久時氣(ヱヤミセムルニアリ)(ヱヤミ)

生ーー　榎(ヱノキ)　槐(ヱミス)　半夏(ヱク)　荏(エ)　恵具(ヱク)　女萎円

食ーー　餌(エ)　顩(エミ)　醶円　領(エリ)　縁円　錦衾　磯(アメ)

器ーー　纓(エイ)冠　瘤(エ)　畫円　鑰(エビ)門　箙(エビラ)円　鑞円　畚円　扃円　杁(エブリ)　榱円

（19オ）

乾ーー會（エ）解（ケ）會（エ）所（ショ）擶（エイ）雨ー 夷國（エビスクニ）毛人（エゾカ）嶋（シマ）魄（エノス）

時ーー炎天（エンテン）旱（カン）暑（ショ）

氣ーー恵美酒（エビス）浮囚戎（エビス）夷（円）停（円）裔（エイ）衣鉢侍者（エフヽシヤ）

園頭（エンチウ）穢多（エタ）鵷鶵（エンスウ）鳳也 莊 猨狖（エンイウ）文馬 驛ー馬（エキ）海老（エビ）鰩（エイ）鰑（円）鮹（エソ）

猿猴（エンコウ）件（エタ）

浮踊（ウカレ・イカル）　狂浮（円）　伐木（ウツ・キル）毛　反覆（ウチカヘス）　稍殺（ウチコロス）　稍激（ウチカフス）　打終（ウチスサフ）灯　撲滅（ウチケツ）尚

常夜（ウチハヘテ）　斗藪（ウチハラフ）　拍擲（ウチタタイテ・ハタテウト）仙　寧奈（ウチツケ）　最初（円）　蹂薄（ウスメテ）　胡乱（ウロン）　右往左往（ウワウサワウ）

右慮左死（ウルサシ）　帷子（ウハシツイ）　無愛（ウケス）　鬱陶（ウツタウ）哀思　悒悒（チクチ）慚愧 尚　鬱憤（ウツフン）　鬱律（ウツリツ）カタ、カニヤ 又

領許（ウナツク）　迂闊（ウクハツ）　甘至（ウム）菓　運載（ウンサイ）人 支　可美（ウミシ）日　分疎（ウクメカフコト）仙　可憎（ウツクシケナル）

掴覆（ウツフクシ）　仇鉤（ウツハリ）孟

エ

數――　三香　新札　四月

虚――　上　可愛　後　礴　嘶　薄　現　覺　覚　娱　有無

墳　堆　埵　虚空　踈　穿　韓　室　古　埦　浮　入　俯

踞　夷　尚　打　緒　振　神　源　油　澤　潤　濡　鐔　放　凡

複――　郁々　元服　憂思　偏愛　形　遶　可怜　外踈　屣石

罍ーー　團扇(ウチハ)　項打烏帽子(ウナジウチエボシ)　靫(ウツホ)　䩭同　靳同　靮同　靾同　韃同　韊同　東坡詩

篙同　戟同　箕同　裹(ウチカヅキ)　鑁(ウチミキ)　紲(ウシノハヅナ)　韝(ウデヌキ)　滕(ウハヅツミ)　閫(ウチホラ)　窓同　舂(ウス)　世本曰雍父作ー　呂氏春秋曰赤冀作ー　聚…又ホ　天　ヒトツ

滐(ウルミ)　窨(ウルミ)　悲　艑(ウブネ)　舸同　烏盞(ウサン)　筌(ウヘ)　笥同　輪同　客(ウデ)　笥同　飡同　文　毛　文

光ーー

○生ーー　雲州櫻（ウスサクラ）　埶（ウヘモノ）左　雲州橘（ウンシユキツ）　檍（ウツキ）　卯花（ウノハナ）　椅（ウルシノキ）　杲（ウケラ）　茴香（ウヰキヤウ）

浮木（ウキヽ）　査（同）　瓜（ウリ）　鞬（ウリサネ）　粳（ウルシネ）　蘋（ウキクサ）　蘩（同）　薀（同）　藻（同）　萍（同）　菝（ウハラ）　羌活（ウト）

莩（ウスヤウ）葭弁　中白皮

○食ーー　饂飩（ウトン）　烏頭（同）　紅糟（ウンサウ）　賞（ウミモノ）嘗ト　天　挴（ウツヤミヒ）左　烏頭布（ウトメ）　鰄（ウルカ）　袿襠（ウチキ）（同）

裲襠（ウチカケ）　袇（同）　袍（ウヘノキヌ）　袍（同）　衫ノ表衣（同）（ウスシソヒスル）　繧繝（ウンケン）　袿（ウスカヘ）　罯（ウサキヤミミ）　糈（ウチヱキ）毛　求女

諾頷領奪疑倦伺窺闚間疉踧恨怨

望憾恭敬埋瘞飢餓牧踈頼寃許

訟單慚酳嘎愁忡悒剖漂撙摸寫移

伍繞肯寤宕伐拊石撤批抗假寐卜占兆

懿懿嬉驟春塡覆徽憂肅惱澤妬

撲鞅𤀸飄拍破痛迂踈後言

騎ウサキムマ　兎ウサギ　空蟬ウツセミ　土豹ウコロモチ　鼹ウコロモチ　蝟同　鰻ウナギ　鰌同　鱣同　魚鱓同　鰻鰱同

鵜ウ　孀ウブメ　産婦同　牸鳥ウニトリ　石女ウマズメ　鵜将ウ　匠人　窎人ウタカタヒト　禹王ウワウ　夏代始　明王也

○支ーー　頸ウナジ　項同　髫ウナヒ　肘ウデ　臂節玉　胆同　脊ウシロ　背ー玉　腠ウチモヽ　痺ウルム　疾同　脬ウツノス　膜ウスカハ

髀ウチモヽ　膝ツブシ　酉

○態ーー　慈ウツクシ　寵同　恵ウツクシム　毛　メグム　尚　字ウツクシフ　左　媚ウツクシミラス　色　毛　歌ウタ　謌同　謡ウタフ　謳同　拂ウチハラフ　毛　羨ウラヤミ

海原 海 浦 潮 渇 植 堆 墳土 尚 迍 邅 文 畦 田人 龍 土 文

時丨丨 丑 子丨大歳 年景 奮若 卯 寅大歳 在日 單閼 卯月 温 暑也 氣 運 時 余 長閑

氣丨丨 氏神 産神 同 外人 髭 白 鬢子 後妻 嫐 同 婉

雲客 後見 鸎 鵜 鶉 鷃 鸝 鴉 鸞 牛 犢 犍

緊𢺳 左右 長命 遠乱 懐抱 颻揺 投石 豊隆

勇悍 泉涌 玉振 引汲 最愛 彜倫 不肖

窮鬼 兼門 踵門 底豫 溢盃

乾ー 良墟 臺楒 梁貯 攪粒 納雩 沫雨

口噺（イサメ）古　嘹（イツラ）仲　寂（イタヅラ）。辞（イトヽ）専　伊尹　衛（イル）入　尚　畢（イヤヽ）

複ーー　慇懃（インギン）キコロ語　文　弥増（イヤマシ）　早速（イチハヤシ）論　逸早（イチハヤシ）円　偈繹（イサヽキリ）古　異同（イドウ）論　異（イ）

見儀（ケンギ）論　記　様相躰（ヤウサウテイ）　不辞（イナヒス）　不能（イナトナラバ）　因果（インクハ）　因縁（インエン）　勾當（イヒアハスル）　提撕（イヒシラセテ）

忌々敷（イマイマシキ）　安居（イフリ）日　不審（イフカル）古註　石花（イフセキ）　可畏（イカメシ）　器量（イリヤウ）円　短折（イノチミジカシ）　惨怛（イタム）サンタン

無常（イタツキ）　煩悩（イタツキ）円　劬労（イタハル）ク　員外（インクハイ）　寂寞（イタヅラ）　鳴（イタヅナキツ）鳴　遺（イレチガヘ）　納貴之死（イルミセ　メシイタシ　ミテ）毛

今搊（イニハカフト）　鱗形（イロコカタ）人役　時勢（イマヤウ）　若箇（イカハカリ）　若為（イカニモシテ）文人　円　就若（イツレ）月　花　早晩（イツカ）　何日　円

把持　九面　挺鎗
寸斑　捻往　徊　十二年

九十七　五世　十六夜　有奇　半々　鎰　廿四　無稱　兩　一槩　三部　馬九アニ千アリ　奥州ノ牧ノ名

一八　草名　天吠　影方　大吠声　一人傳虚　万人傳實　一鞭　試馬　ヘココロミニ

一言　試人　艶

○虚一　粛　嚴　䰰　巍　曜　如何　奈何　何解　花　嫌妬

揭焉　見　伊　墳　潔　躅　清淨　鞠　南　素　粜　不系　謂

綫縷（イトスヂ）同　綮（イリツメテ）　酉

器ーー　印（イン）　礒（イソ）　綖（イシ）　殻（シヒテ）　纂（イケス）　衣架（イカ）　椸枷　同　礼　鐔（イシツキ）　鐏（イシツキ）同　手匙　衡鏑　同

碇（イカリ）同　碇　同　矴　同　陶（イモノ）　艖艬（イカサフ子）　史　艖　同　筏（イカダ）　桴　同　䈁　箭（イ井ヒツ）　木刀ヒ（イ弁カヒ）同　ヒ　笏（イキ）　居尻（イトヒリ）

倚子（イシ）　印刀（イシタツ）　ス

光ーー　電（イナヒカリ）　彩（イロトル）　滟　色（イロ）　交（イロヘテ）　綵徽（イロキヒヒラメ）　ト　文

數ーー　一二巻（イチニクハン）　経　典　一　管（クワン）　笙　畄　貫（クハン）　錢　箔甲（コウ）　種（コユ）　物（モツ）　操（チヤク）　手　半　支（コシ）　具　甲　炊薫（スイノエヌ）　四　不　觚（フコトリ）　樽（ソノサケ）　酒　鉄（シュ）　女　燭　金　張（チヤウ）　弓　具　匝（サウ）

（13オ）

覆盆子 イチコ 俗作之 葐 同 苺 同 苺子 同 蘡 同 蓺盆子 同 苺 イツ 海髮 イキス 草也 虎杖 イタトリ

蒢 イタトリ 莯 同 武杖 同 蔄 イチヒ 梟 同 萎 イカリ 同 綏 同 景天 イキクサ 慎火 同 何首烏 イ井ヒツイラ 又 石葦 イハクサ イハノカハ

巻柏 イハクミ イハコケ イハクハ 橇 イカ 苛 イラ 小草 生菊也 葺 同 菜 同 莯 イヱミ 冤葵 蒂 同 イチノキ 陸棟 イカクリ 栗 ミヤツロク

小髮 イキス 海 草也 小凝菜 イキス 甦 イモセラ 芋根 也 ヒヒケリ 連翹 イタチクサ イタチハセ 木連子 イタヒ 菓類 折傷木 同 上

石斛 イハクスリ セキコク 蔛 上 檪 イチヒ 林 イチヒノキ 和名 蔓 イヌハシカミ 椒 ミミヒ 枡 同 判 イカ 栗木

飧 飯 イ井 飫 イ井ツ 粒 イチツ 鰑 イリコ 煎海鼠 同 撥 イシヌ 栓 同 衛侯 イシキ 印金 絲 イト

遏適イコヂタリ　僞イツハリ日　奇同　猒イトフ　射同　慈イトヲシ　悱同　祭イツキニス廉　謚イミナ　諱同　嘶イバフ　單イナヽク天　鳴同文

營イトナム　掟同　毅イケシ　礒イサリ　廻氣イキシツメ　促　怒イカル　尊イタカ酉　有職イウモヨシ　氣色イキザシ急　又一喘

暇イトマ　イトマアキ

○生——

伊吹イブキ　羊躑躅イハツヽジ　櫟イチヰキ　杞同　伊蘭　稻イ子同　稌　稂イチヰ同　稈　秿イチツカ　文　毛　同　日

積イナツカ　イナムラ　東イナヽタリ　蒹イヌヱ毛　水蓼同　香同　柔　幽蘭イヌタデ　蘪同　菴同　藘　草イヌタテ　地菘イヌノシリ　チスウ　薔蘼

羊桃イラ芥　歡薍同　芋イサ、イモ　菽イモカラ　萸イモシ　芋莖也　芋柄イモカラ下上　係用也　蹲鴟イヱノイモ

イラヒクサ　イモシ　ウヘイ

上十二

態ー祝驍吒佹勳祈禱角引唱倡誘率

誚謏辭諮批崇訶憤懣鬱氣詞利鬼

肄勤怠醜劬汗應當煩惱印地勞傈

射違不忍疼痛盡慼予醜劬極至傳底

踵懷抱春擴徜齧炒燉綢紋翊喘炊

嬰饑挑禰捩何之師軍點噫譩嚠

猳イカルハタヌ 玄 犬イヌ 狗同 鼬イタチ 犍ウサギ之 騎同 鱒イルカ 鯽同 鰤同 鮪同 鱇同 鰻イシモチ 鯸同 鯷イルツシ

鰯イワシ 烏賊イカ 鰒同 螽イナコ 蜋イモムシ 蠐螬の イシカメ 蟾同 里貫イカヒ 鮖イシモチ 鰈イカイ 西施イロコノミ

○支一

項イタヽキ 靚イキホヒ 瘳イエル 育イトケナシ 幼同 稚也 玉 脰同 瞻イタム 文 肘ウテ 手足 胒同 不審 膺同 臂ノ節 玉 肱同

雲イロコ 胎 脊ウシロ 背ー 玉 尿イハリ 鱗イロクツ 鮪イシノタ 吸イキ 内息 舌ノ 心端 喘イキサシ 酉 頷イキツク 颲同 天 聒 臼息 悶イキトホル 慟イキトホル同 イタサラレヤ

（11オ）

時候門　陰陽（インヤウ）　不知夜月（イサヨヒノツキ）　不知歴（同）　十六霄（イサヨヒ）

條日（イナノメ）　曷月（イツシノツキ）　晩鐘（イリアイ）　日没（同）　入逢（同）　既往（イニシヘ）　終古（同）　古（同）　往（同）

曽（同）　舊（同）　故（同）　嘗（同）　昔（同）　今（イマ）　此（同）　戌（イヌ）　戌ー亥太歳在ー日閹茂

氣ーー　牽（イヌカイボシ）　河鼓（同）　罷（イツキ）　主母（イヱトウジ）　自姨（イモシウトメ）　妹脊（イモセ）　勲功人（イサヲシヒト）　（モ　イモウトモ　イモウト）

婦功（イサヲシヒト）　従祖兄弟（イトコ）　再従兄弟（イヤイトコ）　姱（同）　娵（同）　嫌（同）　従兄弟（イトコ）　細人（イヤシキヒト）　維那（イノ）

雷霆（イカツチ）　𩃏（同）　雷師（同）　靁（同）　豊隆（同）　霹靂（同）　鵤（イカルガ）　鸖（同）　斑鳩（同）　生食（イケスキ）

乾ー｜

乾（イヌ井）　妳羨井（イハヒミツ）同　電（イナツミ）　暇（イナヒカリ）　櫟社（イチヤシロ）　市（イチ）　隊（イチ）左　鄽（イチクラ）　肆　同

廬（イホリ）　墟（イトコロ）　雨（ウ　雨）左　龕（イハヤ）　窟　同　窂　同　岩（イハハサマ）　硎　沙（イサコ）　石（イシ）　窳（イシニ）　矼（イシハシ）　磴　同　礎（イシスヘ）天

磌（イシスヘ）　軒檻（イヌフセキ）　徘徊浪（イサヨウナミ）　池（イケ）　沼　同　温泉（イテユ）　欀甍（イラカ）同　左　倚爐（イロリ）（ユルリ）

宅（イヘ）　舎（イエ）　圍爐裏（イロリ）　霪雨（イン）文雨也　東

上　九

有儘（アリノマヽ）　萬倫（アツマヒウスタス）トク ユト　無情（アヂキナシ）　常（同）古　作（同）同　爲（同）　端（同）仙　事（同）　短（同）　等（同）　將（同）仲　曹灌（アフウレヘニ）

相副（アヒツタハル）　足遛（アシタヽリ）　[illegible]裳（アラワモスソ）　喫安（アヒ）　程（ホト）　悉地（アカラサニ）　倫閑（同）　遏雲曲（アツウンノキヨク）　從權（アカリスカル）

荒賀（アラヽカ）　溥暢（アニチウカヨウ）　無常（アタナリ）　轉世（アメニヨ）　淡悪（アハイニ）　朝宗（アツニル）　竈纏（アカメヤスニス）　分野（アリサニ）　アハメテム　尚コリスヤ章安入

闇向（アレカウ）　滑腕（アニカサナツテ）　餱頼（アリニヒカケ）　飽別（アカヌワカレ）　曼如（アナカシ）　侮慢（同）　中外（アタリハツレ）　弓方（ハツレ）　迦　秘釋

嗚呼（アヽ）　大索（アサリ）　可惜（アタラシ）　花（アヂキナシ）　滕馬（アハテ）　テウエント　針眼（アフカヒメスルト）　幾希（アニトシカラヤ）　生憎（アラニクヤ）　盂　嶋

賣(アキ) 雨 文(アヤ) 絢(同文) 若(アヒキ) 期(アチス) 惡(アヒキ) 擼(アサミ) 匱(アニアハス) 疲𤻘(アツカレタリ) 有(アリ) 在(同)　左　文　備　文　尚　醫

複用門

神德(アヤシキイキヲヒ) 天業(アマツタクミ) 降居(アマクダリヰマス) 御宇(アメノシタシロシメス) 安堵(アント) 爽塏(アキラカナリ)　日　同　サウカイト

按梅(アンハイ) 安危(アンキ) 案内(アンナイ) 夫明物(アハレモノヤ) 價賤(アタヰヤスシ) 渥角(アクツケタル) 穴賢(アナカシコ)　尚　同　毛　恐々謹言之義也　記　註非隨之

脣顧(アヒカヘリミル) 告災(アヤマチワザハヒス) 逸口(アヤマリクチ) 靈運(アツリミ) 當遷(ウ) 喜恩(アナウレシ) 行脚(アンキヤ) 鐙蹈張(アフミフンハリ)　尚　尚　同　源　同

無益(アヂキナシ) 善惡(同) 非窳(アラスイヒミ) 薔薇(アクスハカリ) 遊芥(タイカイノ) 念勢(アツカフ) 上上(アラハニアラハス) 徹々(アソノ) 何世(アナニシノ) 不在(アリヤアラスヤ)　霾　ヘラヘト

虚押門　明在爽隠微第仕鮮借修上
揚須擘交中皮弓矢當膺貫弓毛霑句跡迹
蹤痕瘢紕拏蔚末焉暁顕痛醜青乞
暫咋假倏倫黯抵淋藹遖零惜哉係翠懮
周洽賦适惆互浅猿畔粗畧粛窘所有
胱他勝豈安焉愛擧動都於洛索處状

青熒(アヲヤカ)　青蕿　円　青醒(アヲザメ)　滄溟(アヲウナバラ)　緋赤(アケ)　円　赬　円　朱　円　絳　円　赭(アカシ)　円　驃(ツカゲ)(アカシリゲ)　天

驄(アシゲ)　驢(アシフチ)　馬　茜(アカネ)　蘚(アサギ)　烘(アブル)　円　炮　円　炕　火　偏　白風(アキカゼ)　皁地(アカフサ)　白水郎(アマビト)　人

黄牛(アメウシ)　蟾(アヲ)　蟆(カヘル)　螭(アツ)　灰(ハイ)　醫　蒼青(アヲヒシ)　円　円

○數量門　一二(アメツチ)　黴　六合(アメノシタ)　円　一書(アルヒハ)　日　多(アマタ)　衆　円　万(アヨロヅ)　円　數(アマタ)　數　円　田　仙

○器財門　扇（アフキ）箑（円）東南ニ／外曰ー　姜（円々）籧（アヒムヒ）筐（アヒカハコ）震（アニカサ）幰（アニカハ）（アニカハ）行燈（アンドン）

卧朴（アヽキ 円）炉（円）鐪（アヒカキ）（アヒカキヘ）（アサカヘ）銅（アカヽネ）價（アタヒ）稿（アラニキ 円）鮨（円）直（円）磑（アラト）青礪（アヲト）廖（アリ）杈（アコ）鐙（アフミ）

障泥（アヲリ）椓擊（アヒツチ）舴艋（アミフネ）澤（アフラワタ）𦆅（アミシ）鷹　賣（アキモノ）網代（アシロ）毛車輿ー　綾閭笠（アヤヰカサ）

紕纒（アサナハ　ヒルナハ）文　足駄（アシタ）屐子（円）摭空（アサナヘ）東簾（アツマフエ）篤車（アシロ）編笠（アミカサ）總鞦（アケマキ）尾（アヲリツケナ）具　易

○光彩門　旭（アサヒ）明（アキラカ）陽（円）文　朝儺（アサモヨヒ）明白（アテノタ）霭（アツノモ）青翠（アヲミヒ）（円）蒼（円）

○食服門　羹(アツモノ)左礼　炙(アフリモノ)左礼　炮(円)　煉(円)　醬(アヘモノ)論　齋韮(円)　糖(アメ)　粘(円)　餡(円)　䴸(アニツラ)

醅(アニサケ)　甘(アマミ)　旨(円)　温餅(アタヽケ)　酤(アエル)　釀(アケカヌ)　秈(アラモト)　脂油(アフラ円)　粟米(アハコメ)　漬柿(アハシカキ)　薄餘(アハシアサシテ)尚論

綾(アヤ)　絢(アヤソモン)論　衵(アコメ)　紵(アサヌノ)テツクリ　製(アニキヌ)　汗衫(アセノゴヒ)　罨(アミモチ)　網(アミ)　留鳥(円)　鮎(アイ)　鮏(キヤウ)　鰻(円)　鯵

天衣(アマノハゴロモ)　殻(アラカハ)鞁　汗衣(アセツキタチモノ)　衫(アセトリ)円　袷(アハセ)　袂(円)

○生植門　杏樹（アンニン上）杏子（同）木栖（アツサイ）青柳（アヲヤキ）楝（アテツキ）樗（アフチ）梓（アツサ）

槵（アセ）馬醉木（アセモ）檍（アハキ）英（アクハキ）相間（アイオイ）舜華（アサカホノハナ）蒼（同）木槿（同）菖蒲（アヤメ）　古　モ

葵（アフヒ）孔子曰衛其足　麻（アサ）々子（アサノミ）莇（アサヽミ）滑海藻（アラメ）荒布（同）神仙菜（アニノリ）陟厘（アヲノリ）

陟釐（同）青苔（アヲノリ）青黒葛（アヲツヽラ）防巳（アヲカツラ）菁（アヲナ）葱（アサツキ）ミラノハナ 文　葕（同）蘘（アイカウ）蘡薁（アニツヽラ）

蕿（アチサイ）通草（アサミ）蓪（アケヽ）蔔（同）安（同）葦（アシ）蘆（同）蘆（同）苕（アシノホ）粟（アハ）禾（同）莉（アハカラ）蔬（アサミ）　左

蘚（同）薊（同）莂（同）藜（アカサ）萹（同）青蕒 青蒿（アシナ）青苽　阿弓登亘　アコタ熟和　千歳蘽（アニツヽラ）

哀傷（アハレ）商（アキナフ）賣（同）惆悵（アハツル）遽（同）險忌（アヤウシ）危厄（同）偉快（アヤニクアヤニ大　アキタル）アキメラス也

逢（アフ）值（同　ニサイ）集（同）遇（同）合（同）相（同）厲（アヤフム）煦（アタヽム）隩（アイニル）蹉跎（アヤマル）躓（同）還（アフノミ）求食（アサル）

文　尚不防　文　尚

跋（アカク）蹝（同）踠（同）蹀（同）歩（アユム）行（アリク）遊（アソフ）激（同）安坐（アンサ）扐（アツカフ）藹（アヒヌル）鬧（アイクル）諍（アラソフ）

行止馬　曲脚　魚　礼　仲戸

絮（アナハラ）羔　義　仇（アタム）謗（アタマト）督（同）脚（アシ）脂（アヒトリ）轄（アフラ）枲（アサミ）刺（アフノタミ）配（アメトリ）人自汗（アセカク）

礼　恣　尚コト笑　文　壁　仙　壁

喘（アヘク）吸（スクノ）凝（アツム）疝（アタハラ）薄（アチキナシ）媚　跫（アシオト）椅角（アシヒルツノヒル）狼（アイツ）炎

アヘキ　同　ナル中　仙　豐古聞　左　物　也

（6オ）

會アツマル尚 嘲アザケル 哢同 嗤同 啁同 娸アザムク左 欺同 欵同 蒙アザムク 誘アザム負アザムク左 訝同 笑アザワラフ 咍同 哂同

誂アツラフ 中アタル 課同 繂アテカウ 擬同 期アテニス壹 讀アツハス 媟アナトル 易同 侮同 侮同 許アザケル毛 撒アハク論 姦同毛

發アハク毛 皴アハケメリ天 埆同 危アヤウシ 矯同 如同 遅同 寃同 薊アタハソココロ 情 甘アミル 辛 苦同 嗜同

唬アミル 妬アラソフ天 爭アラカフ毛論 仞同 諠同 相アヒ 圖 推同 與アツカル 卜同毛 弔同毛 畀同左 責同尚 賜ヒ之

出水アカルヨリ 長根 坎アナホリカクス 隠アナホル 窟アナニス 窠 尚 茹同 披アラハス 呵アヤカル 静アチキナシ 静心同 アナホル左 支 文 加之曾之 文

閲仲 狠之アチキナシ 錫シ爭許之 倨アリツク礼 薄同尚 猛アフル 紀アザヘル 縄尚 文アザヘル 指相交之 論アゲツラフ 搜アナクル アサル 畫アタハラフ 礼 憐アハレフ 憫同

腮（アキト）脂膏（アフラ　同）垢汗（アカ　アセ）痕（アト）足（アシ）脚（同）趾（アシモト）骰（同）額（同）跗（アシクヒ）蹇（アシナヘ）趺（アナウラ）

皹（アカヽリ）胼（同　アフラサスモ）膩（アカツク　アフラツキ）刖（アシキル）呲（アハフク）疕（アシハラ）（同）

態藝門

荒和（アラミコ）赧（ハラス）操（アヤツル）擽（同　文）擾（同　アヤカル）擨（アヤツル　文）擭（アヤツリ）尚　機（アヤツリ）門（アヤツリモノ　文）閗上人　寺（アサニル）待

聚（同）集（同）洗（アラフ）濯（同）溉（同　毛）雁（アヒミラフ）世　應（同）答　會（同）機（アツカフ）褺（同）嗢（同）懶（同）嗎（同）仙

嘲（アツモフ）嚘（同）靨（同）稱（アクル　名）尚　上（同）擧（同　毛）暗（アン）誦（ミヽ）過（アヤニツ）青（同）尚　飛（同）闕（同）（同　左）說（同　毛）逸（同）尚

儺（アナ）仇（同）鴜（アトリ）鴉（同）鸛子鳥（アツトリ）胡雀（同）鴽（同）強馬（アラムマ）直駒（アタイノコマ）水豹（アザラシ）

鮸（アメ）鰐（同）鯀（アヂ）鮐（アヰ）鮑（アハビ）鰪（同）蜅蛒（アヲタカノモ）舟鶏（アヒカヘル　チウケイ）蛙黽（同）蝱（アフ）蜩（同）蟻（アリ）蜉（同）

蚳蝝（アリノコ）蛸（アミヒ）[illegible]（アメ）鮟（アン）鯱（コウリ）鰛（アフラメ）鰔（アサヂ）鮟鱇（アンカウ）庵主（アンジユ）總角（アゲマキ）小者也

○支體門　解顱（アタマノアハヌ）顖（アタマ）齃頞（アフカウテウト）須（フクメスハナタカツメ）文　清盲（アキシヰ）眚（同）裸（アカハダカ）瘤（アサ）瘊（同）有耳

胑（アナ）瘢（同）埶（アセ）沸（同）瘡（同）瘜（アミシ）緊脣（アヲチ）齞脣（同）ケンシン ミシノ　吹呿（アクビ）上氣（同）喘（アヘク）腭（アキ）

昫 呴(アツキ) 朝明(アサケ) 朝暮(アサナケ) 踏歌(アラレハシリ・タウカ) 節會(セチヱ) 温暄(アタタカ) 煖(同) 暖(同) 明日(アス)

明後日(アサツテ) 頞沙茶 天台 頞濕縛庚門 天七 明月(アカツキノツキ) 偏暑(アツケ) 鬉

氣形門 現人神(アラヒトカミ) 天探(アマノサク) 吾兒(アコ) 勝人(アテヒト) 兄哥(アニ) 昆季(アニオトト) 玄

倍(アトツキ) 礼 私(アトムコ) 娅(アヒヨメ) 妯(同) 娌(同) 嫂(アニヨメ) 姉(アネ) 尼(アマ) 怖魔(同) 邊鄙(アツマウト) 行堂(アンタウ)

行者(アンシヤ) 商賈(アキヒト) 文 商客(同) 賣人(同) 商(同) 仙節 太夫(アマ) 古席 海士(同) 下副寺(アカウス)

(4オ)

幄屋（アクヤ）　間（アイタ）同　際 同　鳥　叉倉（アセクラ）　叉庫 同　畠（アラタ）一歳　荒田 同　公腋（アラハ）同　郊 同　左　埵（アリツカ）毛

畷（アセ）　畔 同　田　堋（アツチ）　垜 同　垛 同　蝗（アナ）　蟻　仲　坑 同　埵（アクタ）　芥 同　跋（アシスリ）　壚（アラキ）土　尚　溢（アフルヽ）　畬（アラタ）田三歳

煨（アツハイ）　遏鳥（アトリ）　曠野（アラノ）

時候門　暁（アカツキ）同　曙 文　昧爽（アケホノ）同　曈 同　朧 同　秋（アキ）　商 同　旦（アケナントス）毛　黎明（アクルコロシ）

有明（アリアケ）　晨（アシタ）文　晏（アシタ）　闇（アカ）同　文　單　朗明（アサホラケ）　朝明 同　朝来　凌晨 同　暑（アツキトキ）左

温故知新書

阿

○乾坤門　開闢　宇宙　國家　同　天下　同　天離　々　天都　天漢

銀河　天陰　天切　同　圖　新　日　賀　根　如之　雨下　同　米　雫　霙

溜　霤　同　九雪　霰　同　雫　嵐　乾凡　颶　金風　商凡　颸　同

瑞籬　郡縣　空閒地　荒屋　亭　同　庵　草　行在所

補於人如儉歳粱稷寒冬繒纊幾命余為叙于
其端余文莫而不知之乎者也汗於慚顔者不
少雖然如是不克固辞乃應其命云取笑旁観
者必矣于時文明甲辰林鐘中澣乙亥

三井　尊通序

論述津々傳志々所之累月而成終得巨軸名
之曰温故知新書専擬海藏略韻分二六々門
又準源順古抄設和字々訓事類則易見義親
則易知寔為後生庭訓之梯橙嗟自非紉也是
也山陰々氏毎生豈其尓乎余与公久要不淺
究如友千矣一日袖軸来見示余披而覧之矣

千界然八埏六合俗語諺言相雜而訛故往々
有爭魚魯者爰新羅社神司大伴廣公纘
懷雪潔談笑春温賓祠之餘目觸歎倭之軸腦縕
世南之書于朝于夕遊意於風月於是乎文章道
聊相羊于江湖山水之間烟雲沙鳥之外或日思
付要鳩耳目所歷方言俗語以繫荷伊甌等

温故知新書序
凡字體所出者西竺始乎尸棄東表本乎蒼頡
自尓已降其書甚夥如麻似粟或以廣多解
文或以聲韻清濁良以垂帷覩遐代之道閉戸
識遠方之風其唯文字乎加之顯揔持傳宗義
之切豈可得而言哉吾大日本國音統兩上義通

(1オ)

正慶

巻上ノ上　表紙

巻上ノ上

目次

例言

一、『尊経閣善本影印集成』は、加賀・前田家に伝来した蔵書中、善本を選んで影印出版し、広く学術調査・研究に資せんとするものである。

一、本冊は、本集成第三輯（古辞書類）第八冊として『温故知新書』上・下巻三冊を収め、墨・朱二版に色分解して製版、印刷した。その原本各冊遊紙を除き、墨付で第一丁、第二丁と数え、各丁のオモテ・ウラをそれぞれ本冊一頁に収め、図版の下欄の左端または右端に（1オ）（1ウ）のごとく丁付けした。

一、本冊各頁ごとに柱をつけたが、その本文の頁の柱には、巻次（上ノ上、上ノ下、下）およびア・イ・ウ・エ・ヲ以下の標目（原本の梵字を片仮名に転記）と乾坤門以下の門目を標示した。

一、冊首に新たに作成した目次を載せ、標目（原本の梵字をローマ字に転記し、括弧に入れて付記）および門目に頁数をつけた。

一、旧題簽の一部かと思われる紙片六枚が原本に付属して伝えられているので、参考図版として解説の後に付載した。なお、原本各冊の各丁折り目の背に墨書する丁付けも合わせて付記した。

一、冊尾に築島裕東京大学名誉教授執筆の「尊経閣文庫所蔵『温故知新書』解説」を収めた。

平成十二年六月

前田育徳会尊経閣文庫

温故知新書

ハ

乾ー博陸殿磐石法堂房坊柱欄檻奔區疾風

暴風颰陰霽晴方角麓畑畷畑墓陵畠菁

捻埴土壺氛端𨑂搏風破風灰激井橋階壊尚

霹濱飯間蓋窠伴僮所魄魂飛雨望夫石 夫人武昌山不飯其婦憶 死後化石ト歟

温故知新書序

凡字之蹟所出者西竺始于尸棄東土本于蒼頡自尓已降其書甚夥如麻似粟或以摩多躰文或以聲韻清濁良以垂惟覩遐代之道開戶識遠方之風其唯文字乎加之顯揚持傳宗義之切豈可得而言哉吾大日本國音統而上義通

巻上ノ上　序（本文七頁）

前田育徳会尊経閣文庫編
尊経閣善本影印集成
25-1

温故知新書

八木書店